増田雅暢・金 貞任 編著
Masanobu Masuda & JungNim Kim

アジアの社会保障

Social
Security
of
Asia

法律文化社

はじめに

　世界の中で、アジアに対する注目度が年々大きくなっている。
　人口の面では、アジアは中国の存在により、以前から世界の中で大きな存在であった。1950年,世界の総人口約25億人の55％はアジアであった。2010年,世界の総人口約69億人の60％はアジアである。中国は13億6千万人と世界第1位の人口であるが、続いて、インド（2位）、インドネシア（4位）、パキスタン（6位）、バングラデシュ（8位）、日本（10位）、人口の世界ベスト10にアジアから6か国も入る。現在は日本を除いて人口構成が若い国が多いが、今後、中国を始めとして急速に人口の高齢化が進むことが予想され、高齢化対策が社会的課題となっている。
　経済面では、1960年代に日本が高度経済成長を遂げ、「経済大国日本」として存在感を増し、アメリカに次ぐGDP（国内総生産）世界第2位の国として、世界経済の一角を占めてきた。1980年代から90年代には、韓国やシンガポール、台湾、タイの経済発展に目覚ましいものがあった。21世紀に入ってからは、急激な経済成長を続ける中国が、2009年、GDPにおいて日本を抜いて世界第2位に躍り出た。インドやインドネシアも、近年、経済成長を続けている。アジア開発銀行によると、2011年現在、世界総生産（GDP）に占めるアジアの割合は、27％に達している。さらに、このまま中国やインドが順調に成長を続けた場合、2050年には50％にも達するという。
　政治的な面をみると、アジア諸国の多くは、第2次世界大戦前は、欧米諸国等の植民地であったが、第2次世界大戦後にあいついで独立を果たした。しかし、朝鮮戦争やベトナム戦争などの戦争や、中国の文化大革命、クーデター等の政治的混乱が続いた。しかし、現在では、中国が世界政治の一極となるほか、ASEAN（東南アジア諸国連合）等が存在感を示している。
　政治的混乱に終止符が打たれ、政治が安定してくると、国家による経済政策

が功を奏すること等により，経済が発展基調となり，国民生活の向上という内政面の政治的課題が浮上してくる。児童や障害者，高齢者に対する福祉政策，医療費保障や医療サービスの充実等による生命と健康の確保のための政策，老後の所得保障としての年金制度の創設等，社会保障の整備に対する国民のニーズが高まる。政権側は，国民の支持を得ようとして，こうしたニーズにこたえ，社会保障制度の整備を進めていく。経済成長により，国民や企業による税や保険料負担が可能となる。社会保障の整備という点で，西欧諸国と比較をすると，アジア諸国は「後発国」であるが，近年，本書で解説するとおり，特に東アジア諸国において，特徴ある取組が展開されている。

アジア諸国における社会保障制度の整備の歴史をふりかえるとき，夏季オリンピックの開催時期と歩調が合っている点が興味深い。1964年，日本の東京において，アジアで初めてオリンピック夏季大会が開催された。24年後の1988年には，韓国のソウルにおいて，さらに18年後の2006年には，中国の北京においてオリンピック夏季大会が開催された。日本・韓国・中国の3か国の間に，おおむね20年間の間隔があるが，経済成長による社会的・経済的基盤や社会保障制度の整備に関して，3か国にタイムラグがあったことを反映している。

本書では，アジアの社会保障を概観（第1章）した後，中国（第2章），韓国（第3章），台湾（第4章），タイ（第5章），日本（第6章）の5か国を取り上げ，各国の政治・経済・人口等の現状，社会保障制度の整備の歴史，社会福祉や医療保障，年金保障の現状と今後の課題について，それぞれの国の社会保障に詳しい学者・研究者が解説している。

本書の特徴は，アジア諸国，特に東アジア諸国の社会保障の歴史や現在の状況を詳しく解説していることである。欧米の社会保障を解説した本は数多く存在するが，アジア諸国の社会保障について解説している本は少ない。ところが，近年の経済成長などにより，アジア諸国における社会保障制度の整備の進展にはめざましいものがある。

第1章では，アジア諸国の社会保障制度の整備の特徴について，アジアの人口，経済，政治，歴史的な変化等の視点から解説する。東アジア諸国の社会保

障の類型として論じられている「後発福祉国家論」についても言及する。第2章では，世界1の人口を有する中国において，社会主義国から市場経済を導入して世界第2位の経済大国となる過程における社会保障制度の整備の状況を描く。第3章では，「国民皆保険・皆年金」を構築する一方，医療保険制度の一元化や介護保険制度の創設など，新たな次元に発展している韓国の社会保障を解説する。第4章では，社会保障制度の整備を進めつつ，「外籍看護工」と呼ばれる外国人労働者が介護や育児の分野で一定の役割を果たしている台湾の社会保障制度を解説する。第5章では，社会保険とともに社会扶助の手法も組み合わせて医療保障システムの整備を進めたタイの社会保障制度を解説する。第6章では，アジア諸国の中でいち早く経済成長を遂げるとともに，少子高齢化の進行により「高齢先進国」となった日本の社会保障制度を解説する。

　本書において，これら5か国の社会保障制度の概要を理解できるとともに，国際比較の視点から各国の特徴を考察することが可能となる。たとえば，医療保障についてみると，日本や韓国，台湾は社会保険による「国民皆保険」により対応する一方，タイでは，いわゆる「30バーツ医療制度」という税を財源とする社会扶助方式により対応している。また，少子化や人口高齢化の進行は，日本のみならず，韓国や台湾，中国においても同様の状況を迎えることとなり，児童・家族政策や高齢者介護問題への対応が急務の課題となっている。高齢者介護問題に関して，日本で介護保険制度が実施（2000年）され，次いで韓国が実施（2008年），台湾で検討中，という東アジア3国の介護保険による対応は，世界的に注目に値する。

　本書により，読者の方々がアジア5か国の社会保障に関する知識を深め，日本やアジア各国におけるこれからの社会保障の在り方を考えたり，アジア諸国との国際交流を進めたりする上での参考になれば，執筆者一同望外の喜びである。最後に，本書の出版の機会を与えてくれた㈱法律文化社及び編集の労をとっていただいた小西英央氏に心より感謝申し上げる。

　　2015年2月

　　　　　　　　　　　　　　　　　　　　　　　編者　増田雅暢

目　次

はじめに

第1章　アジアの社会保障 ―――――――――――――― 001

1　多様なアジア　　001
2　アジア諸国と社会保障制度　　004
3　経済発展と社会保障制度の整備　　007
4　アジアの福祉国家論　　010
5　人口高齢化の進行と今後のアジアの社会保障　　017

第2章　中　　　国 ―――――――――――――――― 024

1　中国の概要　　024
2　社会福祉の現状　　030
3　医療保障の現状　　038
4　年金保障の現状　　040
5　今後の社会保障制度の課題　　044

第3章　韓　　　国 ―――――――――――――――― 048

1　韓国の概要　　048
2　社会福祉の現状　　054
3　医療保障の現状　　064
4　年金保障の現状　　071
5　今後の社会保障制度の課題　　077

第4章　台　湾 ── 081

1 台湾の概要　081
2 社会福祉の現状　086
3 医療保障の現状　094
4 年金保障の現状　099
5 今後の社会保障制度の課題　104

第5章　タ　イ ── 108

1 タイの概要　108
2 高度経済成長と社会保障制度整備の進展　110
3 社会福祉の現状　113
4 医療保障の現状　118
5 年金保障の現状　124
6 今後の社会保障制度の課題　128

第6章　日　本 ── 131

1 日本の概要　131
2 社会福祉の現状　145
3 医療保障の現状　152
4 年金保障の現状　155
5 今後の社会保障制度の課題　157

索　引

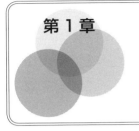

第1章 アジアの社会保障

増田 雅暢

1 多様なアジア

「アジア」とは，広辞苑によれば，「六大州[1]のひとつ。東半球の北東部を占め，ヨーロッパ州とともにユーラシアを成す。面積は，約4400万平方キロメートル，世界面積の約3分の1。人口は約34億6000万人（1995年）で，世界人口の2分の1以上。東は日本，北はシベリア，南はインドネシア，西はトルコ・アラビアにわたる地域」とされている。

このように，アジアは，世界の総面積の約3分の1，世界の総人口の約6割（2013年）を占めるという広大な地域である。緯度でみると，アジアは，東西では，おおむね東経30度から東経150度，南北では，おおむね北緯50度から南緯10度の範囲にまたがっている。国の数では，40数か国に上る。気候は，寒帯気候，温帯気候，熱帯気候，乾燥型気候に分かれる。地形では，大陸と島しょ部，平野や山岳地帯，砂漠等，多岐に分かれる。

これらを反映して，アジアの各国は，面積，気候，地形といった自然環境において，様々な相違がある。さらに，人口の規模，政治体制や経済体制，宗教，文化等においても大きな相違がある。

地理的な観点からは，一般に，東アジア（中国，日本，韓国等），東南アジア（インドネシア，マレーシア，タイ等），南アジア（インド，パキスタン等），西アジア（トルコ，サウジアラビア等）に区分される。

図表1－1は，東アジア，東南アジア，南アジアに属する22か国の中で13か国を選んで，その国の面積，人口，人口密度，国民総所得，1人当たり国民総所得[2]，

図表1-1　東アジア諸国の現状

	面積 (万km²)	人口 (万人)	人口密度 (人)	国民総所得 (GNI) (億ドル)	1人当たり GNI (ドル)	平均寿命 (年)	高齢化率 (％)	合計特殊 出生率
日　本	37.8	12,639	334	57,395	44,900	82.6	24.8	1.4
中　国	959.7	138,557	210	66,432	4,940	73.5	9.4	1.6
インド	328.7	125,214	381	17,662	1,420	65.5	5.7	2.6
韓　国	10.0	4,926	493	10,390	20,870	80.9	12.3	1.2
台　湾	3.6	2,335	649	4,772	20,574	79.2	11.6	0.9
タ　イ	51.3	6,701	131	3,083	4,440	74.1	9.8	1.6
フィリピン	30.0	9,839	328	2,097	2,210	68.8	4.4	3.1
インドネシア	191.1	24,987	131	7,127	2,940	69.3	6.4	2.1
ベトナム	34.9	9,168	253	1,111	1,270	75.1	5.6	1.8
マレーシア	33.1	2,972	90	2,530	8,770	74.3	5.3	2.6
シンガポール	0.07	541	7,577	2,226	42,930	81.9	8.1	1.2
ミャンマー	67.7	5,326	93	553	1,144	65.2	5.2	2.0
カンボジア	18.1	1,514	84	117	820	63.0	3.9	2.5

注：経済関連の数値についてはおおむね2011年時点，人口関連の数値についてはおおむね2013年時点のものである。
出所：『データブックオブ・ザ・ワールド2014年版』（二宮書店，2014）をもとに，筆者作成。

平均寿命，高齢化率[3]，合計特殊出生率[4]の数値を比較したものである。これらの数値をみても，アジア諸国の多様性が浮き彫りになる。

　面積では，ロシア，カナダ，アメリカに次いで，中国が世界4位の大きさである。中国の面積は，960万km²と，インドを除けば，他のアジア諸国の追随を許さない規模である。

　人口では，中国が13億8577万人と世界1位，インドが12億5214万人で世界2位である。この両国で，世界人口の3分の1強を占める。次いで，インドネシアが2億4987万人で世界4位，日本が1億2639万人で世界10位である。これらの国以外に，パキスタンが世界6位，バングラデッシュが世界8位と，「人口の世界ベスト10」に，アジアから6か国も入る。アジアは，人口が極めて多い地域である。

　経済面では，19世紀から第2次世界大戦の20世紀半ばまで，日本以外は，西

欧列強の植民地となっていた国が多く，後進国に位置付けられていた。しかし，20世紀半ばから，アジア諸国は，急速に経済発展を遂げる国が現れて，注目を集めてきた。

　第2次世界大戦後，まず1960年代を中心に，日本の高度経済成長があった。1968年，日本は，国民総生産（GNP）がドイツを上回り，アメリカに次いで西側諸国第2位となり，「経済大国日本」と呼ばれるようになった。続いて，1980年代から90年代にかけて，韓国，台湾，香港，シンガポールの4つの国・地域の経済発展が目覚ましく，OECDレポートにおいて新興工業経済地域（Newly Industrializing Economies：NIES，ニーズ）に位置付けられた。また，この4か国は，「アジアの四小龍」とも呼ばれ，その経済発展ぶりが世界の注目を集めた。この中で，韓国は，アジア諸国では日本に次いでOECDに加盟し，現在では先進国の一角を占めている。

　2000年代においては，中国の経済成長が目覚ましい。2009年，中国の国内総生産（GDP）の規模は日本を追い越し，アメリカに次いで世界第2位となった。インドの経済成長率も高い。中国とインドは，ブラジル，ロシア，南アメリカとともに，世界で有力な新興国5か国を表す「BRICS」と呼ばれている。さらに，タイ，インドネシアを中心に，東南アジア諸国連合（ASEAN）諸国の経済成長も顕著である。

　ただし，1人当たり所得をみると，現時点では，中国の数値は約5千ドルと，日本の10分の1であり，経済先進国の指標といわれる1人当たり1万ドルの水準の半分である。インドでは，約1400ドルと，さらに低くなる。表中で1万ドルの水準を超え，経済先進国に分類される国は，日本，シンガポール，韓国，台湾である。一方，1人当たりの年間所得が1千ドル未満で，国連が認定する「後発開発（発展）途上国」に分類される国は，表中ではカンボジアである（**図表1-1**）。さらに，表外の国でもバングラデッシュやネパールなど，この範疇に入る国々がある。このように，経済面においても，アジア諸国内の格差は極めて大きい。

2　アジア諸国と社会保障制度

社会保障制度とは,「広く国民を対象にして,個人の責任や自助努力では対応し難い事態(リスク)に対し,公的な仕組みを通じて給付を行うことにより,健やかで安心できる生活を保障すること」と定義されている。[7]

社会保障制度の仕組みは,国,地方自治体等の公的主体が,各種法制度に基づき,税や社会保険料を財源として,国民または住民に対して,サービスまたは現金を給付する制度である。具体的な制度としては,年金や医療,失業,労働災害等に対応する社会保険,最低限度の生活を保障する公的扶助,高齢者,障害者,児童等の生活を支援する社会福祉等がある。

『平成24年版　厚生労働白書』で解説しているように,[8]社会保障は,個人の視点からみれば,傷病,失業,高齢など自活するための前提が損なわれたときに,生活の安定を図り,安心をもたらすことを目的とした「社会的セーフティネット(社会的安全装置)」の機能を果たしている。社会全体としてみれば,所得を個人や世代の間で移転させることにより貧富の格差を解消し,低所得者の生活の安定を図る「所得再分配」や,個人の責任等では対応できない事態に社会全体で備える「リスク分散」の機能を果たしている。さらに,社会的な統合を促進したり,経済の安定化や雇用の創出を促進したりする「社会の安定及び経済の安定・成長」といった機能も持っている。

社会保障制度が,「公的な仕組みを通じて給付を行うこと」であるということは,国家(政府)が,社会保障に関する法制度を整備することを意味する。

世界史的にみれば,国家による社会保障制度の整備は,公的扶助制度については,17世紀から19世紀におけるイギリスの救貧法による低所得者対策が最初の例である。社会保険については,19世紀後半のドイツにおいてビスマルクの指導のもとに整備された疾病保険法の各種社会保険制度が最初である。

イギリスやドイツといった西欧諸国において社会保障制度の整備が進められてきた背景を,『平成24年版　厚生労働白書』に基づき,概念的に整理すると,図1-2のとおりである。18世紀後半のイギリスの産業革命を契機に始まった

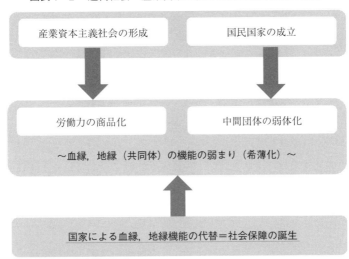

図表1-2　近代社会・産業資本主義の形成と社会保障の関係

出所:『平成24年版　厚生労働白書』

　産業資本主義社会の形成と、それによる家族や地域社会の変貌が、国家による社会保障制度整備に密接に関連している。

　産業資本主義社会において、人々は労働者として企業に雇われて生活の糧を得るようになるが、他方で、家族等の血縁や地域社会の地縁による助け合いという機能は弱くなっていった。そのため、経済不況等による企業の倒産や解雇といった失業のリスク、疾病による労働不能のリスク、長寿化による老後の生活リスクといった個人の生活上のリスクへの対応を迫られることとなった。こうしたニーズに対応するために、19世紀頃から顕著となった「国民国家」（国民の一体性に基づくとされる主権国家）が、国民からの税・保険料等を財源に、社会保障制度の整備を進めていくこととなった。社会保障制度の整備が、国民に評価されれば、政権の安定につながった。前述した社会保障がもつ機能、個人レベルにおける「社会的セーフティネット」、社会レベルにおける「所得再分配」や「リスク分散」、「社会の統合及び経済の安定・成長」といった機能が、国家にとっても個人にとっても有意義なものと認識されたのである。

このように考えてみると，社会保障制度が整備される前提条件として，産業資本主義社会の形成と国民国家の成立がある。さらに，産業資本主義社会のもとでの経済発展と国民の所得水準の向上が，国民に対して社会保障制度を支えるための税や社会保険料の負担を可能とする。

　アジア諸国では，日本が19世紀後半に，明治維新により，江戸時代の幕藩体制から近代国家の途を歩み始め，殖産興業政策を進めて，20世紀前半には産業資本主義社会を形成した。また，大日本帝国憲法の制定や国会の設置，選挙の実施等，国民国家としての体裁を整えた。しかし，他のアジア諸国は，タイのように独立を維持した国を除けば，国民国家の成立や産業資本主義社会の形成は，20世紀後半まで待たねばならなかった。

　20世紀前半まで，アジア諸国の多くが，西欧諸国の植民地であった。インドやマレーシア，ミャンマー，シンガポール等はイギリスの植民地，ベトナム，カンボジア等のインドシナ半島はフランスの植民地，フィリピンはアメリカの植民地，韓国と台湾は日本の統治下にあった。中国は一応独立をしていたとはいえ，列強各国に多くの租借地を提供していた。

　第2次世界大戦後，多くの国が，植民地として支配していた宗主国から独立を果たした。イギリスから独立したインドやパキスタン，マレーシア，ミャンマー，フランスから独立したベトナムやカンボジア，ラオス，アメリカから独立したフィリピン，オランダから独立したインドネシア，日本の統治下から解放された韓国や台湾などである。また，内戦を経て新たに誕生した国（中華人民共和国）や，南北に分裂した後に統合された国（北ベトナムが南ベトナムを統合したかたちで誕生したベトナム）がある。日本も第2次世界大戦において敗戦国となった後は，1945年9月から1952年4月までGHQ（連合国最高司令部）の支配下にあり，1952年4月28日，主権を回復することとなった。

　独立をしたとしても，その後政治的に安定し，順調に経済発展の途を歩んだ国はなかった。朝鮮半島では，1951年から54年にかけて朝鮮戦争があった。中国では，第2次世界大戦後，共産党と国民党による内戦があり，1949年に共産党主導により中華人民共和国が誕生し，国民党による中華民国政府は，台湾に逃れた。さらに，中国では，1960年代にいわゆる文化大革命による政治的・社

会的混乱があった。インドでは，イギリスから独立を果たしたとはいえ，宗教上の相違等から，パキスタンが分離独立し（1956年），さらに，1970年代にバングラデッシュが分離独立した（1972年）。ベトナムでは，1950年代にフランスから独立したものの，南北ベトナムに分かれ，アメリカの介入によるベトナム戦争が1970年代当初まで続いた。カンボジアやラオスでも内戦が続いた。

　こうした政治的不安定が続いた国では，安定した政権が誕生し，さらに経済成長等により国全体がある程度の経済水準に至るまでは，社会保障制度の整備が進むことはなかった。

3　経済発展と社会保障制度の整備

　社会保障制度の整備が進むためには，国民国家としての統一性と政権の安定性が不可欠であるが，同時に，GDP等の経済規模の拡大，すなわち経済発展が必要である。国の経済規模の拡大により，公的扶助制度等の社会福祉制度の創設・運営にあてる税財源を確保することができる。社会保険制度の創設・運営に必要な保険料の事業主負担や被保険者負担が可能となる。社会保障制度の整備により国民生活の安定を図ることができるようになれば，それがさらなる経済発展の基盤となる。

　また，経済発展による国民の生活水準の向上は，所得保障や医療保障に関する国民のニーズを増大させる。政治の場においては，先進国の社会保障制度の状況を参考に，自国における社会保障制度の整備に向けての政治的圧力が高まる。政府は，雇用の安定と社会保障の充実という福祉国家の建設に向けて取り組むこととなる（図表1-3）。

　こうした経済成長と社会保障制度整備の相関関係は，日本や韓国における社会保障制度整備の歴史をたどれば，明確に存在する。

　アジア諸国の中では，第2次世界大戦後，まず日本が，社会保障制度整備の経済的条件が整った。1956（昭和31）年の「経済白書」における「もはや戦後ではない」という有名な文言が示しているとおり，1955年度の国内総生産が第2次世界大戦前のピーク時の数値を上回った。その後，日本は，高度経済成長

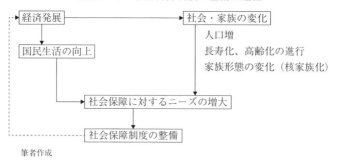

図表1-3 社会保障制度の整備の過程

筆者作成

の波に乗っていった。1961年には、「国民皆保険・皆年金」体制を創設、1965年には、いわゆる「福祉六法体制」として、社会福祉各法の整備が整えられた。1973年には、老人医療費の無料化や年金水準の引上げ等の措置を講じたことにより、「福祉元年」と呼ばれた。

韓国では、1950年から3年間続いた朝鮮戦争により、国内の経済基盤は壊滅的状態に陥った。しかし、1961年に始まった朴正煕政権の国家主導による経済政策によって、「漢江の奇跡」と呼ばれる経済成長がもたらされた。これに伴い、1960年代に公的年金制度が、1970年代に公的医療保険制度が導入された。さらに、経済成長を続ける中で、1990年代に、「国民皆保険・皆年金」体制を確立した。

タイにおいても同様の動向がうかがえる。1950年代から、官僚や軍人、国有企業の労働者等、公務部門の労働者に対する社会保障が行われてきた。経済成長が顕著となってきた1990年代において、1991年3月から民間の被用者を強制加入とする社会保険制度が実施され、傷病、出産、障害、死亡に関する保険給付が始まった。後に、老齢、児童手当、失業分野にも拡大された。社会保険の財源として労使の保険料拠出だけでなく、政府の拠出が入っている点が特徴である。さらに、2000年代のタクシン政権において、社会保険等の公的な医療保障制度の対象外となっていた農民や低所得者等を対象に、30バーツを支払えば誰でも医療が受けられるという「30バーツ医療制度」が創設された。日本や韓国、台湾が医療保険による医療保障システムを整備したのに対して、タイでは、

社会扶助方式により医療保障システムを整備した点が特徴的である。これも，1990年代以降のタイの経済発展による国家財政の拡大が可能としたものである。

中国は，第2次世界大戦後に社会主義国家として誕生したので，日本や韓国とは異なる歩みを示している。都市部では国営企業が，農村部では人民公社が，労働者の生活保障や医療保障，老後の所得保障などを行う機関として創設された。国営企業や人民公社による「丸抱えの社会保障」であった。しかし，国営企業や人民公社の生産性の低さ等から，経済成長の度合いは低く，生活水準は低位にとどまった。1990年代前半から始まった，鄧小平氏の主導による「社会主義市場経済システム」の導入により，中国は急速な経済発展を遂げることになるが，都市部と農村部の格差拡大や，国有企業の財政悪化等の問題が生じることとなった。そこで，国家が，新たな社会保障制度の整備の必要性に迫られることとなった。2000年代の高度経済成長による国家財政の拡大が，社会保障制度の基盤整備を進める上での好適条件となった。

日本，韓国，中国の3か国の社会保障制度の整備の状況をみると，夏季オリンピックの開催時期と歩調を合わせている点が興味深い。

1964年，日本の東京において，アジアで初めてのオリンピック夏季大会（第18回）が開催された。韓国では，1988年，ソウルにおいてオリンピック夏季大会（第24回）が開催された。中国では，2008年，北京においてオリンピック夏季大会（第29回）が開催された。日本，韓国，中国の3か国は，いずれも経済成長しつつある過程において，オリンピック夏季大会を開催したということができる。オリンピック夏季大会を開催できるということは，国力が向上し，オリンピック開催のための社会的・経済的基盤が整ったということを，世界的に認められたということでもある。日本の東京における開催から，24年後に韓国のソウルで開催，続いて20年後に中国の北京で開催，というように，この3か国の間では，経済成長による社会的・経済的基盤の整備に関して明確なタイムラグがあった。

社会保障制度の整備についても，経済成長による国家財政の拡大，社会基盤の整備等と歩調を合わせている。例えば，日本の場合，第6章で詳述している

が,「国民皆保険・皆年金」は,高度経済成長期の1960年代初頭に実施された。いわゆる「福祉6法体制」も,1960年代半ばに完成している。この頃,東京でオリンピック夏季大会を開催した。韓国の場合,第3章で詳述しているが,ソウルでオリンピック夏季大会を開催した頃,公的医療保険制度を導入し,90年代に「国民皆保険・皆年金」へと発展した。中国では,第2章で詳述しているが,2000年代に入り,政府による社会保障制度の整備に拍車がかかっている。

4　アジアの福祉国家論

　福祉国家の定義には,様々なものがあるが,広辞苑によれば,次のとおりとなる。「完全雇用と社会保障政策によって全国民の最低生活の保障と物的福祉の増大とを図ることを目的とした国家体制」である。
　また,武智秀之によれば,次のとおりである。「国民に生存権を保障し,完全雇用を目指し,政府支出のうち所得保障と社会サービス(医療保障,介護,障害,住宅,教育など)が過半を占め,それら社会支出と税とで国民に所得を再分配する国家」である。[10]
　福祉国家の定義に,完全雇用と社会保障の充実が2本柱として表れているのは,「ケインズ - ベヴァリッジ体制」と呼ばれた,第2次世界大戦前後のイギリスの福祉国家を支えた方法論の影響である。ケインズ - ベヴァリッジ体制とは,ケインズ経済学とベヴァリッジの社会保障論の合体の姿である。イギリスの経済学者ケインズは,政府の財政金融政策を通じて有効需要を創出し,企業の生産を誘発して,雇用の拡大と経済成長を図ることを論じた。ベヴァリッジは,ナショナルミニマムの達成と維持を図るために国民保険の創設等を提言したベヴァリッジ報告をまとめ,第2次世界大戦後のイギリスの社会保障制度整備の指針となった。このケインズ - ベヴァリッジ体制の概念は,第2次世界大戦後,各国の福祉国家の建設に影響を及ぼした。
　欧米諸国における福祉国家の歩みやその具体的な内容は,それぞれの国の歴史的背景や社会経済の相違,文化的要因等により,異なっている。福祉国家の類型(モデル)に関する研究において,その最も著名なものが,エスピン－ア

ンデルセンによる「3つの福祉レジーム論」である。エスピン-アンデルセンは，社会保障を考えるにあたって，国家（政府）による社会保障だけでなく，市場や家族も福祉の生産・供給主体としてみて，これらの役割や，国家，市場，家族の相互関係を「福祉レジーム」と呼び，各国の福祉レジームを比較考察した。

福祉レジームの相違について，①個人または家族が（労働）市場参加の有無にかかわらず，社会的に認められた一定水準の生活を維持することがどれだけできるか（参加支援指標，または脱商品化指標），②職種や社会的階層に応じて給付やサービスの差がどれだけあるか（平等化指標，または階層化指標）③家族による福祉の負担がどれだけ軽減されているか（家族支援がどの程度充実しているか）（家族支援指標，または脱家族化指標）の程度の観点から測定し，次の3つに類型化する[11]。

福祉レジームは，具体的には，次の3つに類型化される。
①自由主義レジーム（アメリカ，カナダなどのアングロ・サクソン諸国）
②社会民主主義レジーム（スウェーデン，デンマークなどの北欧諸国）
③保守主義レジーム（ドイツ，フランスなどの大陸ヨーロッパ諸国）

自由主義レジーム諸国では，機会の平等や個人の自己責任が強調され，市場の役割が重視されている。社会保障は，貧困層など必要最小限の限られた人に対して，必要最小限の給付を行う傾向があり，その結果，社会保障の給付も負担も低水準となる。「低福祉低負担」の社会保障である。「参加支援指標」，「平等化指標」「家族支援指標」のいずれも低い。

社会民主主義レジーム諸国では，社会保障の基本理念として普遍主義を採用しており，所得の多寡にかかわらず，すべての国民が同じ権利を持ち，同じ給付を受けることができる。家族や市場が福祉に果たす役割は小さく，国家が大きな役割を持っている。「高福祉高負担」の社会保障である。「参加支援指標」，「平等化指標」「家族支援指標」のいずれも高い。

保守主義レジーム諸国では，リスクの共同負担（連帯）と家族主義を志向している。福祉政策は，血縁，職業団体，カトリック団体等に基礎を置いている。国家の役割は，社会民主主義レジーム諸国よりも小さく，家族や職域の役割が

大きい。コーポラティストレジームとも呼ばれる。「参加支援指標」は高いが，社会保険制度は職域ごとに発展しており，職業的地位による格差が維持されていることから「平等化指標」は低い。社会保障制度は，家族が扶養責任を果たせないときのために用意されており，「家族支援指標」も低い。社会保障の給付と負担は，3レジームの中では中規模である。

　3つの福祉レジームを比較すると，次のようなことがいえる。[12]
- 所得再分配の規模でみると，自由主義レジーム諸国は小規模（小さな政府），社会民主主義レジーム諸国は大規模（大きな政府），保守主義レジーム諸国は中〜大規模である。
- 社会保障給付（支出）の相手先は，自由主義レジーム諸国では，生活困窮者向けの給付が多い。社会民主主義レジーム諸国では，現役世代向けの給付も高齢世代向けの給付も充実している。保守主義レジーム諸国では，老後の所得補償など高齢者向け給付が多い。
- 社会保障給付の性格の違いでは，自由主義レジーム諸国は，生活困窮層など特定の対象に絞った「選別主義」，社会民主主義レジーム諸国は，誰にも平等に行われる「普遍主義」，保守主義レジーム諸国は，社会保険は普遍主義であるが，公的扶助等の社会福祉は選別主義である。

　それでは，日本は，どの福祉レジームに分類されるであろうか？

　エスピン－アンデルセンの「3つの福祉レジーム論」に対しては，日本の福祉国家の姿の「座りの悪さ」が指摘されてきた。[13] 1980年代頃まで，日本では，社会保障給付費の国民所得に対する割合は西欧諸国よりはだいぶ低く，国の予算に占める社会保障予算の割合も小さかった。その当時の日本は，国民生活の安定のために，完全雇用は達成していたとしても，社会保障分野については，家族や企業が社会保障の役割の多くを代替していたと認識されていた。自由主義レジームの色彩が濃かったといえよう。しかし，他方で，1960年代に「国民皆保険・皆年金」体制を確立し，社会福祉分野では「福祉六法」体制により広範囲の福祉政策が展開される等，保守主義レジームに分類できるような社会保障制度の整備も進んでいた。

　エスピン－アンデルセンは，『福祉資本主義の3つの世界』の日本語版の前

文において，日本の福祉システムは，自由主義レジームと保守主義レジーム双方の主要要素を均等に組み合わせている「ハイブリッド」な姿をしているが，未だ発展途上であるとした。最終的な結論は留保した。

エスピン-アンデルセンの日本に対する評価は，1990年代半ば頃までの日本の社会保障制度の状況を踏まえたものである。しかし，1990年代後半から2000年代にかけて，日本の社会保障制度は変貌を遂げている。全体的にみれば，社会保障給付費は，1995年度の64兆円（対国民所得比17.5％）から，2010年度の103兆円（同29.6％）と，短期間に急増している。2000年に介護保険制度が実施され，65歳以上の高齢者に対しては普遍的な高齢者介護保障システムが構築されている。子ども手当制度の創設を経て，児童手当の対象範囲や給付水準は，1990年代当時と比べて大幅に拡大している。長引く経済不況を反映して，雇用保険制度の見直しや就労支援対策の充実が図られている。

こうした状況をみると，現時点では，日本に対する評価は変わりうるのではないかと考える。筆者の考えでは，日本は，保守主義レジームの姿が基本であるが，1960年代に「国民皆保険・皆年金」を確立したように，福祉国家建設の当初から普遍主義的な政策を選択してきた。『平成23年版　厚生労働白書』によれば，日本は世界で4番目に皆保険を，12番目に皆年金を達成したのであり，西欧諸国と比較しても極めて早い時期に全国民に対する医療費保障と老後の所得保障のシステムを創設した。

この「国民皆保険・皆年金」という，イギリスや北欧諸国における普遍化の方法とは異なる手段を用いたことは，日本の特徴のひとつであるといえる。ドイツのように職域を中心に社会保険を構成すると，自営業者や無職の人は，社会保険の対象にすることは難しい。実際，ドイツの医療保険制度では，自営業者や無職者は任意加入の扱いとなっている。普遍主義的な社会保障制度を構築したイギリスや北欧では，医療保障は，社会保険ではなく，NHS（国民保健サービス）のように基本的に税を財源とする仕組みにより対応している。この仕組みであれば，職域に属さない人や保険料負担能力がない人であっても，医療保障の対象とすることができる。これに対して，日本では，自営業者や農林水産業者，無職者等のサラリーマン以外の人を対象にした国民健康保険制度を創設

し，この制度に強制加入させることにより，被用者保険と併せて，国民全体に医療保障を行うシステムを採用した。国民健康保険の保険者として，市町村という行政機関がその役割を負うこととなった。先進国の医療保険制度と比較をすると，無職の者まで被保険者とされていることや，市町村という行政機関が保険者となっている点が，極めてユニークである。

　また，年金制度については，自営業者や農林水産業者，無職者等のサラリーマン以外の人を対象とする国民年金制度を創設することにより，すべての国民に対して老後の所得保障を行うこととなった。年金制度についても，無職者であっても被保険者とされる点がユニークである。さらに，1985年の年金制度改正により，被用者の配偶者（いわゆる専業主婦が中心）や学生についても被保険者と位置付けられたことにより，「国民皆年金」が徹底された。

　このように，「国民皆保険・皆年金」は，日本の社会保障制度の第1の特徴であるし，現在でも，日本社会が守るべき制度として位置付けられている。[14]

　一方で，しばしば自由主義レジーム的な考えに基づく社会保障制度の見直しが，政財界から投げかけられてきた。1980年代の第2次臨時行政調査会による社会保障制度改革はその例である。また，2000年代の小泉内閣時代では，社会保障の規模が巨大になるに従い，社会保障費用の効率化，さらには抑制を図る観点から，社会保障の機能の縮小という議論もしばしば行われた。しかし，国民からは，少子高齢化の進展や家族規模の縮小等の世帯構造の変化等から，全体としては社会保障の充実，とりわけ年金，医療，介護分野における制度充実への要望が強く，結果的には対象の普遍化，給付水準の維持・拡充等の政策がとられてきた。1990年代なかばには，高齢者の介護保障システムである介護保険制度が創設された。したがって，現在の日本の福祉国家の姿は，「自由主義レジームと保守主義レジームのハイブリッドな姿」というよりは，「保守主義レジームと社会民主主義レジームのハイブリッドな姿」ということができるのではないだろうか。

　一方，エスピン－アンデルセンの福祉国家論は，欧米先進国を対象にしたものであるが，韓国・台湾といった東アジア諸国において社会保障制度の整備が急速に進んでいることから，近年，日本も含めて，東アジア諸国を視野に入れ

た福祉国家の類型化の議論が活発に行われている。「東アジアモデル」が成立するかどうかという議論である。アジアの儒教主義の影響を強調するもの，経済政策優位で福祉政策がこれに従属する生産主義モデルを提唱するもの，など，様々である。

　その中で，比較福祉国家論において「時間軸」を取り入れて考察する見方があり，韓国や台湾の社会保障制度構築の特徴を「後発福祉国家」として捉える見方が登場している。一部の論者は，欧米諸国と比較する際に，日本も「後発福祉国家」に入れて論じている。日本は，「後発福祉国家の筆頭」とされている。[15)]

　しかし，韓国や台湾については，欧米諸国の福祉国家と比較をして大きな時間差があることから，「後発福祉国家」という範疇に入れることができるとしても，日本を韓国・台湾と同列にして「後発福祉国家」の中に組み込むことには，無理があると考える。

　図表1-4は，欧米諸国と日本，韓国における福祉国家の歩みを概観したものである。日本の社会保障制度の整備の時期は，西欧諸国が第2次世界大戦後において福祉国家の途を歩み始めた時期とさほど離れていない。日本の社会保障制度の基本骨格である「国民皆保険・皆年金」は，第2次世界大戦終戦から16年目の1961年に創設されている。韓国（1990年）や台湾（1995年）よりもだいぶ早い。前述したとおり，皆保険，皆年金とも世界的に早く，経済成長の初期の段階で全国民に等しく社会保険制度を適用したのであった。

　さらに，健康保険法は1922年制定，国民健康保険法は1938年制定，厚生年金保険法は1941年制定，というように，日本は，第2次世界大戦前から，社会保険の整備を進めていたという点も見逃すことができない。日中戦争から太平洋戦争に至る戦争期，第2次世界大戦の敗戦とGHQによる約7年間の占領期と，第2次世界大戦前後に「断絶した期間」があるために，日本の社会保障制度は，第2次世界大戦後に整備された印象が強い。しかし，明治時代から20世紀の大正時代，昭和前期の時代に，社会保障制度の整備を進めてきた。なお，現在の国民健康保険制度は，市町村保険者という形態をとっていて，西欧諸国の医療保険制度と異なることが日本の社会保障制度の特徴のひとつとして指摘されて

図表1-4　第2次世界大戦後の「福祉国家」の歩み

年代		欧米諸国の動向		日本の動向		韓国の動向
40	福祉国家の形成	39　第2次世界大戦 42　ベヴァリッジ報告(イ) 45　第2次世界大戦終戦 45　ラロックプラン(フ) 46　国民保険法(イ) 　　　国民保健サービス法(イ) 46　国民年金、児童手当(ス)	緊急援護・基盤整備	38　国民健康保険法 41　労働者年金保険法 41　太平洋戦争 44　厚生年金保険法 45　第2次世界大戦終戦 46　日本国憲法公布 50　福祉3法体制 50　社会保障制度審議会勧告 52　サンフランシスコ平和条約発効（GHQ占領終結）		45　第2次世界大戦終戦 48　大韓民国成立 51～53　朝鮮戦争 60　学生革命（李承晩大統領辞任）
	発展・拡大	61　ケネディ政権(ア) 63　ジョンソン政権(ア) 　　　メディケア・メディケイドの創設 73　石油危機	福祉国家の形成・発展・拡大	61　国民皆保険・皆年金の実施 64　福祉6法体制 64　東京オリンピック開催 72　札幌オリンピック開催 73　「福祉元年」 73　石油危機	基盤整備	61　軍事革命 63　朴正熙大統領 77　職場医療保険
	見直し期	79　サッチャー政権(イ) 80　OECD「福祉国家の危機」 81　レーガン政権(ア)	見直し期	82　中曽根内閣 82　老人保健法 87　国鉄民営化（JR発足） 89　消費税導入	福祉国家の形成・発展・拡大	80　光州民主化運動 86　国民年金法 88　ソウルオリンピック開催 89　国民皆保険
	新たな変革	92　クリントン政権(ア) 97　ブレア政権(イ) 　　　「第三の道」 02　メニエル政権(ド)	新たな変革	97　介護保険法 98　長野オリンピック開催 00　介護保険法施行 09　子ども手当実施 12　障害者総合支援法		99　国民皆年金 00　医療保険制度の統合（国民健康保険） 08　老人長期療養保険法

筆者作成

いるが，1930年代に創設された国民健康保険制度において市町村を保険者としたことが，第2次世界大戦後の国民健康保険制度の形態に反映したものである。

　社会保障制度の内容面をみても，日本の制度は，西欧諸国の制度を参考にしてつくられているものが多い，例えば，日本の年金制度や医療保険制度が職域に分かれて創設されたという点は，ドイツやフランスと類似している。これに比べて，韓国や台湾の医療保険制度は保険者が全国1つであったり，国営であったりしている。日本の制度の方が西欧諸国との親和性が大きい。

　日本における福祉国家の形成は，西欧諸国と比較すると「後発」であるが，韓国・台湾と比較をすると「先発」である。現に，韓国や台湾では社会保障の各制度の設計にあたって日本の制度を参考にしている。例えば，韓国では日本の介護保険制度等を参考に，老人長期療養保険制度を創設し，台湾は日韓の介護保険制度等を参考に介護保険制度創設の検討を進めている。したがって，日本を韓国や台湾と同様の「後発福祉国家」として捉える見方には異論を唱えたい。

　いずれにせよ，日本の福祉国家が，保守主義レジームと社会民主主義レジームのハイブリッド型か，あるいは，韓国，台湾等も含めて，東アジア特有の福祉国家の形態なのか，あるいは後発福祉国家として定義されうるのか，今後とも検証作業が必要である。

5　人口高齢化の進行と今後のアジアの社会保障

　アジア諸国の社会保障制度は，日本や韓国，台湾においては，「国民皆保険皆年金」を達成しているほか，公的扶助制度や社会福祉制度など，基本的な整備を終わっている。他の国々においては，現在，整備が進められているという進行形の世界か，これから整備をするという未来形の世界である，「21世紀はアジアの世紀」といわれるように，中国，インドを筆頭に，経済成長は続くものと予想されるが，一方で，2014年5月のタイの軍事クーデターにみられるような政治的不安定がしばしば起こる可能性も高い。経済成長と社会保障制度の整備が直線的に並行して進んでいくのかどうかということは，各国の政治情勢

や社会情勢によっては，不透明な点がある。

その中で，ある程度の蓋然性をもって予測できるものが，アジア諸国の人口高齢化の進行である。

図表1-5は，アジア諸国の人口の高齢化の進行状況を示したものである。

現在のアジア諸国の高齢化率は，日本を除けば，世界の平均以下である。高齢化率14％を超えている国は，日本以外にはない。しかし，長寿化や少子化の進行により，今後，急速に高齢化が進んでいくものと予測されている。

人口の高齢化の進行は，高齢者人口の増大等を通じて，老後の所得保障である年金制度の整備や，医療保障である医療保険制度または医療制度の整備，さらには介護保障等の高齢者福祉制度の整備を促す要因となる。さらに，高齢者人口が増大する一方で，生産年齢人口の減少，労働力人口の減少，ひいては総人口の減少となれば，その国の経済情勢に大きな影響を与えることが予想される。

図表1-1にみるとおり，アジア諸国の中では，日本の人口高齢化の進行が顕著である。高齢化率25％という水準は，アジアでは断トツであるばかりでなく，世界中をみてもトップの高さとなっている。日本における高齢化の進行と社会保障制度の整備の歴史を振り返ってみると，高齢化率が7％を超え「高齢化社会」に入った年である1970年は，高度経済成長が続き社会保障制度の整備が順次進められていたときであった。1970年に，児童手当法が制定された。また，1972年度は「福祉元年」と呼ばれたように，老人医療費無料化制度の実施や，年金水準の大幅引上げ等の措置が講じられた。高齢化率が14％を超え「高齢社会」に入った1994年には，介護保険制度創設に向けての検討が始められた。介護保険法が制定されたのは1997年であった。

アジア諸国において，日本に次いで高齢化率が高いのは，図表1-1のとおり，韓国（12.3％），台湾（11.6％）であるが，いずれも高齢社会の指標である14％の水準には達していない。西欧諸国と比較すれば，アジア諸国は，日本を除けば，人口構成が若い国々が多い。

しかし，図表1-5のとおり，平均寿命の伸長と出生率の低下等により，今後，アジア諸国の多くにおいて，人口高齢化が急速に進んでいく。高齢化率が7％

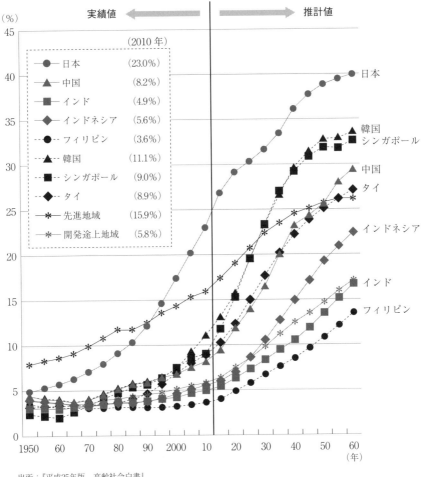

図表1-5 アジア諸国の人口の高齢化

出所:『平成25年版 高齢社会白書』

から14％になるまでの期間を「倍化年数」といい，人口高齢化のスピードを示す指標として使われている。先に高齢化が進んだ西欧諸国をみると，倍化年数は，フランスが115年，イギリスは70年，ドイツは50年であった。長期間をかけて高齢化が進んだ。一方，日本は，1970年から1994年までの24年という短さであった。韓国の場合，7％を超えたのが2000年と日本に遅れること30年であるが，14％を超えるのは2017年と予想されている。倍化年数はわずか17年という，日本以上の短期間である。台湾や中国では，日本とほぼ同じ倍化年数と見込まれており，台湾や中国の高齢化の進行も急速なスピードである。

　図表1-6は，『高齢化とアジア』に掲載されている図である。図表中，「合計特殊出生率が2.1を下回る時期」というのは，合計特殊出生率が人口を維持する水準の合2.1を下回り，将来的には人口減少につながるという少子化の進行を示している。同書で述べられているとおり，日本は，他の国々よりも一足早く人口減少が進んでいる。すなわち，1960年代前半には合計特殊出生率が人口置換水準の2.1を下回り，90年代中頃には高齢化率が14％超の高齢社会に突入し，2000年代前半には労働力人口が減少に転じ，2000年代後半には総人口が減少に転じている。これらの人口構成の変化は，1990年代以降の日本の長引く経済不況の一因ともいわれている。日本は，他のアジア諸国に先駆けて，「少子化の進行」→「高齢社会への移行」→「労働力人口の減少」→「人口の減少」という人口の変化が進んできた。

　人口学的にいえば，その国の生産年齢人口の割合が高まり，子どもや高齢者等の従属人口の割合が小さくなる時期は「人口ボーナス」と呼ばれる時期であり，逆に，生産年齢人口の割合が小さくなり，従属人口の割合が高くなる時期は「人口オーナス」と呼ばれる時期である。一般的には，人口ボーナスの時期はプラスの経済成長が続き，人口オーナスとなるとマイナスの経済成長となる。日本は，1960年代から80年代にかけて人口ボーナスの時期であり，高度経済成長を現出したが，90年代以降，人口オーナスの時期に入って，現在に至っている。

　図表1-6によれば，2020年前後には，中国や韓国が人口オーナスの時期に突入することが見込まれている。高齢化の進行により，高齢者関係の社会保障制

図表 1-6　アジア諸国の人口局面の変遷

時　期	合計特殊出生率が2.1を下回る時期	老年人口割合が14%以上に達する時期	労働力人口が減少に転じる時期	総人口が減少に転じる時期
1950-1955				
1955-1960				
1960-1965	日本			
1965-1970				
1970-1975				
1975-1980	シンガポール			
1980-1985	香港			
1985-1990	韓国			
1990-1995	中国	日本		
1995-2000	タイ			
2000-2005			日本	
2005-2010	ベトナム			日本
2010-2015		香港		
2015-2020	インドネシア	韓国, シンガポール	中国, 香港	韓国
2020-2025	マレーシア		韓国, シンガポール	
2025-2030		中国, タイ		中国
2030-2035	インド			
2035-2040	フィリピン	ベトナム	タイ, ベトナム	シンガポール
2040-2045		マレーシア, インドネシア		タイ, ベトナム
2045-2050				

注：合計特殊出生率と、労働力人口・総人口の増減率は5年間の平均で測定した。老年人口割合は5年刻みの数字でみたもので、例えば1995年の場合は「1990-1995年」に分類した。
出所：小峰隆夫（2012）

度の整備を迫られる一方で，経済成長を減速させるような事態が待ち構えている。中国では，現在，「未富先老(うぇいふうしぇんらお)」(豊かになっていない段階で高齢化が進行する)の状態が問題視されているが，少子高齢化の進行の中で，早急に社会保障制度の整備を行う必要に迫られている。

　日本は，少子高齢化の進行とその対策の面でも，アジア諸国のフロントランナーである。少子化対策や高齢社会対策，少子高齢化に関連した社会保障制度の整備等，日本の経験をアジア諸国に伝えることが重要である。アジア諸国では，高齢化の進行もふまえ，それぞれの国の歴史的事情，国民性，社会経済状態等に適合した社会保障制度の整備を進めていく必要がある。

【参考文献】
エスピン－アンデルセン（2001）『福祉資本主義の三つの世界』ミネルヴァ書房
厚生労働省『平成23年版　厚生労働白書』，『平成24年版　厚生労働白書』
小峰隆夫（2012）『高齢化とアジア』亜細亜大学アジア研究所
社会福祉士養成講座編集委員会編（2012）『社会保障〔第4版〕』中央法規出版
武智秀之（2012）『政策学講義——決定の合理性』中央大学出版部
内　閣　府（2013）『平成25年版　高齢社会白書』
宮本太郎（2003）「福祉レジーム論の展開と課題」『比較のなかの福祉国家』ミネルヴァ書房

1) 六大州とは，アジア以外に，ヨーロッパ，北アメリカ，南アメリカ，アフリカ，オセアニアの各州をいう。
2) 国民総所得（GNI）とは，国内総生産（GDP）に，海外からの所得を加えたものである。
3) 高齢化率とは，65歳以上人口が総人口に占める割合。高齢化率が7％を超えた社会を「高齢化社会」，14％を超えると「高齢社会」という。
4) 合計特殊出生率とは，15〜49歳までの女性の年齢別出生率を合計したもので，1人の女性がその年齢別出生率で一生の間に生むとしたときの子どもの数に相当する。
5) 西側諸国とは，アメリカとソ連が世界の二大勢力となっていた時代において，アメリカやイギリス等の資本主義体制の諸国を指した。これに対して，東側諸国とは，ソ連や東欧等の社会主義諸国を指した。
6) 2014年5月現在，タイ，インドネシア，フィリピン，シンガポール，マレーシア，ベトナム，カンボジア，ラオス，ミャンマー，ブルネイの10か国が加盟している。
7) 社会福祉士養成講座編集委員会編（2012）12頁。
8) 厚生労働省『平成24年版　厚生労働白書』12頁。

9) 「福祉六法」とは，生活保護法（1950年制定），児童福祉法（1947年制定），身体障害者福祉法（1948制定），老人福祉法（1963年制定），知的障害者福祉法（1960年制定），母子・寡婦福祉法（1965年制定）の6つの法律を総称した言葉である。
10) 武智秀之（2012）9頁。
11) 以下，本節のエスピン－アンデルセンの福祉レジーム論については，『平成24年版　厚生労働白書』の記述を参考にしている。
12) 『平成24年版　厚生労働白書』84頁。
13) 例えば，宮本太郎（2003）。
14) 2013年8月に取りまとめられた政府の社会保障制度改革国民会議の報告書の中で，「国民皆保険・皆年金」は日本の社会保障の中核として国民生活を支えてきたものであり，「世界に誇れる国民の共有財産」である，と述べられている。
15) 宮本太郎（2003）。

第2章　中　国

包　敏

1　中国の概要

位置　中華人民共和国（以下、「中国」という）はユーラシア大陸の東部、太平洋の西岸にあり、陸地面積は960万km²で、陸上ではパキスタン、ロシアなど14の国家と隣接している。最北端の龍江省漠河付近（北緯53.5度）と最南端の南シナ海の南沙諸島曽母暗沙（北緯3.9度）は、約50度隔たり、5500kmあまりの距離である。一方、最西端の新疆ウイグル自治区烏恰県西側のパミール高原東縁（東経73度付近）と最東端の黒龍江省撫遠県のウスリー川が黒竜江に合流する地点（東経135度付近）は、約62度で5200kmあまりの距離である。省クラスの行政区画は、4つの直轄市、23の省、5つの自治区と2つの特別行政区となっており、首都は北京市である。

人口　1999年に高齢化率が7％に達し、高齢化社会を迎えた。国家統計局によると、2013年末、65歳以上の高齢者人口は1億3161万人になり、高齢化率が9.7％に達した(図表2-1)[1]。世界一の人口大国と、世界一の高齢人口大国となり、今後も増加すると予測されている。

　全国高齢者事業委員会によると、2001年から2100年まで、中国の高齢化は以下の三段階に区分することが可能である[2]。

①快速高齢化段階（2001年から2020年）：毎年60歳以上の高齢者が596万人増加し、2020年には高齢者人口が2.48億人、高齢化率は17.17％に達する予定である。80歳以上の人口は、3067万人となり、高齢者人口の12.37％を占めるとされる。

②加速高齢化段階（2021年から2050年）：ベビーブームの時期に生まれた世代が

図表 2-1　2013年末人口数およびその構成

(単位：万人)

指　標		年末人口数	比　率（％）
全国総人口		136,072	100.0
地域	都市	73,111	53.73
	農村	62,961	46.27
性別	男性	69,728	51.2
	女性	66,344	48.8
年齢階層	0-15歳	23,875	17.5
	16-59歳	91,954	67.6
	60歳以上	20,243	14.9
	そのうち，65歳以上	13,161	9.7

出所：中国国家統計局（2014）をもとに，筆者作成。

高齢期に入り，2023年には高齢人口と年少人口が等しくなり，2050年には高齢人口が4億を超え，高齢化率は30％に達する。そのうち，80歳以上の高齢人口は9448万人になり，高齢人口の21.8％を占める（図表2-2）。

③重度高齢化段階（2051年から2100年）：2051年に高齢者人口が4.37億人となり，年少人口の2倍を占めると予測されている。高齢化率は，31％前後を維持し，80歳以上が高齢人口の25〜30％を占めるようになる。

中国における高齢化の特徴として，

① 人口の規模が大きい。前述のように2013年末，65歳以上の人口は1.31億人であり，65歳以上人口が総人口に占める割合は9.7％である。2030年に65歳以上人口は，2.4億人に達すると予測される。

② 未富先老（うぇいふうしぇんらお）：経済的に自立が困難な段階で，高齢化社会となった。社会保障制度の整備が未完成である。1人当たりのGDPは，2001年，1000ドルに達し，2012年に6000ドルを超えたが，社会保障は充実していない。

③ 生産年齢人口の構造の変化：15歳から59歳の生産年齢人口中（60歳が高齢者である）1980年の中位年齢数が30歳であり，2025年に40歳になる。急速な高齢化および生産年齢人口の減少により，生産年齢人口の負担が重くなる。

④ 高齢者の扶養をはじめ，介護，年金など社会保障が未整備であり，子どもの

図表2-2　中国人口高齢化の予測

年	総人口（億人）	60歳以上人口（億人）	総人口に占める割合（％）	65歳以上人口（億人）	総人口に占める割合（％）	80歳以上人口（億人）	60歳以上人口に占める割合（％）
2001	12.73	1.33	10.42	0.91	7.14	0.126	9.50
2005	13.14	1.47	11.19	1.03	7.86	0.164	11.16
2010	13.6	1.74	12.78	1.17	8.59	0.213	12.24
2015	14.08	2.15	15.28	1.39	9.85	0.264	12.28
2020	14.44	2.48	17.17	1.74	12.04	0.307	12.38
2025	14.61	2.93	20.06	2.00	13.69	0.341	11.64
2030	14.65	3.51	23.92	2.38	16.23	0.424	12.08
2035	14.61	3.94	26.96	2.86	19.55	0.567	14.39
2040	14.51	4.04	27.88	3.19	21.96	0.637	15.77
2045	14.32	4.13	28.84	3.21	22.40	0.772	18.69
2050	14.02	4.34	30.95	3.23	23.07	0.945	21.77

出所：李本公（2007）

高齢者扶養の負担が重くなる。改革開放政策の実施により，農村部から都市部への流動人口の増加と，1980年以降，一人っ子政策を推進した結果，世帯構成は，4：2：1（4は夫婦双方の親，2は一人っ子夫婦，1は一人っ子）となり，一人っ子による老親の介護は困難である。

⑤地域格差が大きい。人口高齢化は，西低東高の特徴がある。つまり，経済的に進んでいる東部沿海地域は，経済的に遅れている西部地域より高齢化率が高い。1979年，上海は高齢化社会に突入したが，寧夏回族自治区は2011年に高齢化社会を迎えた。都市部と農村部の高齢化は，農村が都市よりも1.24％高いが，2040年以降は，都市部の高齢化率が農村部と逆転する予定である。

経済状況　国内総生産（GDP）は，1979年から2012年の間に平均9.8％増加し，GDPの総額は1978年の3645億元から2012年の51兆8942億元に躍進した。2010年のGDPは，世界第2位となったが，1人当たりのGDPは，2012年に3万8420元である（図表2-3）。

図表2-3　中国におけるGDPの推移（1978-2012年）

年	1978	1980	1985	1990	1995	2000	2005	2010	2011	2012
GDP（億元）	3,645	4,546	9,016	18,668	60,794	99,215	184,937	401,513	473,104	518,942
1人当たり（GDP元／人）	381	463	858	1,644	5,046	7,858	14,185	30,015	35,198	38,420

出所：『中国統計年鑑』をもとに，筆者作成。

　中国では，所得格差が拡大している。国家統計局によると，2000年のジニ係数が0.412と推計したが，過小評価されているといわれている。国家統計局によると，2003年のジニ係数は0.479，2008年に0.491とピークに達し，それ以降徐々に低下し，2012年のジニ係数は0.474であるとした。中国政府は，公式に所得格差の拡大を認めたのである[3]。

政治・行政　1949年10月1日，中華人民共和国が誕生した。中国共産党の一党支配の社会主義国であり，その統治制度においては党が国家に優越している。党の国家に対する優越は，地方の統治機構においても貫徹されている。つまり，党機構が中央から地方まで国家機構と並行して存在しており，党委員会などの党組織が国家機構を指揮することになっている。

　中国の国家機構は，国家権力機関の「全国人民代表大会」（日本の国会に当たる），行政機関の「国務院（中央人民政府）」，司法機関の「最高人民法院」，検察機関の「最高人民検察院」，中央国家元首に当たる「国家主席」，そして軍機関の「国家中央軍事委員会（実態は中国共産党中央軍事委員会と同一）」から構成される。

　行政は，1997年以降，省級（第一級行政区），地級（第二級行政区），県級（第三級行政区），郷級（第四級行政区）の4段階制度である。全国には省，自治区，直轄市がある。直轄市と比較的大きな市には区，県があり，自治州には県，自治県，市がある。自治区，自治州，自治県は，いずれも民族自治区域である（図表2-4）。現在，全国には23の省，5つの自治区，4つの直轄市および2つの特別行政区がある。

　党・国家・軍の三権トップとして，毛沢東の第一世代（1949～1976年），鄧小平の第二世代（1976～1989年），江沢民の第三世代（1989～2002年），胡錦濤の第

図表2-4　中国行政区画

```
                              国
      ┌───────────────┬───────────────┬───────────────┐
      省            直轄市           自治区        特別行政区
   ┌──┬──┐       ┌──┬──┐    ┌──────┬──┬──┐      │
  地区  市        区  県    自治州    市  盟      区
  ┌┴┐  │        │  │     ・地区     │  │
市・県 区      街道 鎮   ┌──┬──┬──┐ 街道 旗
  │   │        │  │   自治県 県 市  │  │
街道・ 街道     社区 社区  │  │  │  社区 鎮
 鎮   │              民族郷 鎮 街道    │
  │  社区               │  │  │     社区
 社区                  民族 社区 社区
                       蘇木
```

出所：中国の行政区画，「都市街道弁事処組織条例」および「中華人民共和国都市居民委員会組織法」をもとに，筆者作成。

四世代（2002～2012年）に続き，第五世代の習近平体制の幕開けとなった。習近平体制は，今後10年間の国のかじ取りを担う。

社会保障制度の改革と現在の枠組み　社会保障制度は，①社会保険，②社会福祉，③軍人保障，④社会救助（生活保護等の貧困救済），⑤住宅保障の5つに大別される[4]（図表2-5）。

1949年10月1日，中華人民共和国が建国され，国が年金保障の最終責任者となった。1958年に戸籍登記条例の制定が始まり，1964年，「戸籍の移転に関する公安部門の規定」を公布し，農村部から都市部への戸籍移転を原則禁止し，戸籍制度が成立した。戸籍は，農村戸籍と都市戸籍に二分され，二元社会となった[5]。都市部と農村部の社会保障制度は，異なっており，都市部では企業賃金労働者，国家機関および事業単位に分けて社会保障を設計したが，農村部では家族扶養に依存した。

都市部では，1951年，「中華人民共和国労働保険条例」が公布され，労働者

図表2-5　中国の社会保障制度の体系

社会保障 ┬ 社会保険：年金保険，失業保険，医療保険，労災保険，出産保険
　　　　 ├ 社会福祉：高齢者福祉，児童福祉，障害者福祉，女性福祉
　　　　 ├ 軍人保障：現役軍人及び家族への特別優待，傷痍・死亡軍人遺族への補償，職軍人の生活補償と退役軍人の就業配置
　　　　 ├ 社会救助：災害時救済，最低生活保障，ホームレス救済，社会互助，農村社会救済
　　　　 └ 住宅保障：住宅積立金制度，廉価住宅賃貸制度

出所：中華人民共和国国務院新聞弁公室（2004）をもとに，筆者一部修正。

向けの社会保障制度が年金，医療，労災などとなった。単位福祉（「単位」は職場である）が出現し，単位に属する一員とその家族は，子どもの保育所入所から住宅の割り当てまで，「揺りかごから墓場まで」の保障システムを享受している。当時，民政部門の管轄による社会救済は，主に都市部の「三無人員」（身寄りがない，労働能力がない，収入源がない）である。孤児や障害者などは社会福利院などの施設に保護された。

　農村部の社会保障は，農村集団組織および家族が担っている。集団保障には，農村合作医療と農村五保制度（農村において労働能力がない，生活保障のない人に対し，衣（服）・食（事）・住（宅）・医（療）および葬（式）の保障，後述の五保老人はこの制度を適用されている高齢者である。）のみある。

　改革開放政策実施後，社会主義市場経済体制の移行，国営企業の改革により，都市部では，1986年に「国営企業労働契約制実施の暫定規定」が公布され，国営企業から失業，リストラの現象が起きた。1993年，市場経済の枠組みが具体的になり，社会保険，社会救助，社会福祉，優遇配置，社会互助，「個人貯蓄による保障」を含めている。年金保険に関しては，1995年，社会プール基金と個人口座の試験的運用が始まった。1997年に，基本養老年金保険制度の企業と個人の支払いの額が決定した。1988年3月に，労働・社会保障部が設立され，社会保険の管理体制を統一した。2005年12月，企業従業員基本年金保険制度に関して，個人口座の納入額が賃金の11％から8％に引き下げられた。すべて個人が支払い，単位からの納入が個人口座に繰り入れられない。

　医療保険として，1996年の従業員医療保障制度が社会プール基金と個人口座

の結合により全国的に展開された。1998年，都市従業員基本医療保険制度が公布，医療保険料が個人と企業より拠出され，企業は従業員の賃金の6％を負担し，個人は本人の賃金の2％を負担するようになった。2007年，都市住民基本医療保険試験が公布され，無職の都市住民向けの医療保険が試験的に実施され，小中学生，高齢者および障害者等が対象となった。

1990年代より国有企業，集団企業の改革で，レイオフ人員や失業人員が大量発生し，1997年，「全国の都市部において最低生活保障制度の確立に関する国務院の通知」が公布された。1999年9月に「都市住民最低生活保障条例」が出され，10月より実施された。2007年，都市部の最低生活保障制度の実施をベースに，農村では最低生活保障制度が実施され，2013年1月，全国都市住民最低生活保障対象者が2134万3029人，農村住民最低生活保障対象者は5347万6080人に達した。

2010年10月，「中華人民共和国社会保険法」が可決され，2011年7月より施行された。

2　社会福祉の現状

1950年代より社会福祉制度は，都市部企業従業員を中心に，断片的，閉鎖的に運行された福祉制度である。政府は，生活困難な高齢者，孤児および障害者などを対象に生活保障を提供した。民政部門が主管する特殊な福祉業務,企業・事業単位が提供する従業員向けの福利厚生および居民委員会による社区福祉サービスも含まれている。いわゆる典型的な残余的社会福祉である。都市部と農村部では，不公平となり，都市部の住民には，福祉国家並みのサービスがあり，農村部の住民には皆無に等しい。1980年代に入り，経済改革が進み，1986年に，1986〜1990年民政事業5ヵ年計画では，福祉サービス事業の展開を単一の国から，国家，民間団体，個人の三者の共同となり，施設サービスの3つの基本的転換が求められた。3つの転換は，閉鎖型から開放型へ，救済型から福祉型へ，収容型から収容とリハビリ型への転換を意味している。1990年代から，「都市部住宅制度改革の深化に関する決定」，「社会福祉の社会化の実現の

加速に関する意見」,老人・婦女・障害者権益保障法,「農村五保供養工作条例」が相次いで公布された。2006年10月,「中国共産党中央委員会の社会主義調和社会の建設に関する若干の重大問題についての決定」が可決され,社会福祉の構築の根拠になっている。

以下では,高齢者福祉,児童福祉および障害者福祉について概観する。

高齢者福祉

（1）法整備

1980年代以降,社会,経済体制の転換,高齢化の進展,一人っ子政策の実施により,核家族化が進み,高齢者の伝統的な家族扶養が機能しなくなりつつある。

高齢者福祉の法的根拠は,憲法および中華人民共和国老人権益保障法である。憲法第45条には「中華人民共和国公民は,老齢,疾病又は労働能力喪失の場合に,国家及び社会から物質的援助を受ける権利を有するとされる。国家は,公民がこれらの権利を享受するのに必要な社会保険,社会救済及び医療衛生事業を発展させる」と書いてある。

1994年に「農村五保供養工作条例」が実施され,農村部の生活困難対象者の保障が可能となった。1996年の「中華人民共和国老人権益保障法」では,高齢者の権利の擁護,社会保障や高齢者サービス事業の推進等を定めた高齢者権益保障法が施行されたが,高齢者の扶養は,主として家族の責任であるとされる。その後,高齢者および要介護高齢者が急増する一方,少子化や出稼ぎ労働等により,家庭に代わって地域社会や高齢者施設で高齢者を支援する各種のサービスが実施されるようになり,同法の改正が行われることとなった。[6] 2013年7月に改正「中華人民共和国老人権益保障法」が施行された。1990年代から2013年末まで,政府が出した主な高齢者関連の政策および法律は図表2-6のとおりである。

（2）施設サービスと社区サービス

高齢者サービスは,施設サービスと社区サービスがある。都市部の入所型では,高齢者社会福利院,養老院または老人院（特別養護老人ホーム）,高齢者アパート（軽費老人ホーム）があり,在宅サービスでは,高齢者サービスセンター,託老所（デイサービス）があるが,これらは都市部の社区サービス（コミュニティ・

図表 2-6　高齢者福祉事業の関連法規

年	名　　　　称
1994年 1月	農村五保供養工作条例
12月	高齢者事業7年発展綱要（1994～2000年）
1996年10月	中華人民共和国老人権益保障法施行
1997年 3月	農村敬老院管理暫定方法
1999年 5月	老人建築設計規範
12月	社会福祉機関管理暫定方法
2000年 2月	社会福祉事業の社会化に関する意見
8月	高齢者事業の強化に関する決定
2001年 2月	老人社会福祉機関基本規範
5月	コミュニティ老人福祉サービス「星光計画」実施案
7月	中国老齢事業発展第10次五ヵ年計画綱要（2001～2005年）
2005年 8月	介護事業発展計画綱要（2005～2010年）
2006年 2月	養老サービス事業の加速発展に関する意見
9月	中国老齢事業発展第11次五ヵ年計画綱要（2006～2010年）
2008年 1月	居宅高齢者サービス事業の全面的な推進に関する意見
2011年 9月	中国老齢事業発展第12次五ヵ年計画綱要（2011～2015年）
12月	社会的高齢者向けサービスシステム作り計画（2011-2015）
2013年 7月	改正中華人民共和国老人権益保障法施行
8月	国務院による養老サービス事業の発展の加速に関する若干の意見（養老サービス：高齢者サービス）

出所：中国政府，民政部などの公文書をもとに，筆者作成。

サービス）に含まれている。農村部では，敬老院があり，いわゆる「三無老人」（身寄りがない，労働能力がない，経済力がない老人）が入所する（図表2-7）。在宅サービスは，コミュニティサービスを中心に展開している。

「2012年社会服務発展統計公報」によると，全国各種の高齢者施設は4万4304か所あり，前年比3436か所増加した。高齢者施設のベッド数は，全国の高齢者数の2.15％であり，前年比7.5％増加した。入所高齢者数は293.6万人，前年より12.7％増になり，そのうち，社区の宿泊およびデイサービスの入所者数

図表2-7 中国高齢者福祉サービスの分類

施設種類	対象者	サービス
高齢者社会福祉院(Social Welfare Institution for the Aged)	「三無老人」,自立高齢者,要介助高齢者,要介護高齢者	日常生活,文化娯楽,リハビリ,医療保健など
養老院(老人院)(Homes for the Aged)	自立高齢者,要介助高齢者,要介護高齢者	日常生活,文化娯楽,リハビリ,医療保健など
高齢者アパート(Hostels for the Elderly)	自立高齢者	食事,清潔衛生,文化娯楽,医療保健など
護老院(Homes for the Device-aided Elderly)	要介助高齢者	日常生活,文化娯楽,リハビリ,医療保健など
護養院(Nursing Homes)	要介護高齢者	日常生活,文化娯楽,リハビリ,医療保健など
敬老院(Homes for the Elderly in the Rural Areas)	「三無老人」,「五保老人」,その他の高齢者	日常生活,文化娯楽,リハビリ,医療保健など
託老所(Nursery for the Elderly)	すべての高齢者	日常生活,文化娯楽,リハビリ,医療保健など
高齢者サービスセンター(Center of Service for the Elderly)	すべての高齢者	文化娯楽,リハビリ,医療保健,訪問サービスなど

出所:中華人民共和国民政部(2001)をもとに,筆者作成。

は19.8万人である。

　高齢化の進展に伴い,福祉のニーズが高まった1980年代後半からは,地域福祉政策が策定され,福祉サービスの改革が模索されるようになった。

　1989年に,コミュニティサービスを全国で展開することが決定された。1993年には「コミュニティサービス事業の発展を速める意見」を全国に通達した。2001年から2004年まで「全国社区老年福祉服務星光計画(全国コミュニティ老人福祉サービス星光計画)」が実施され,「星光高齢者の家」が全国3.2万か所となった。コミュニティサービスの内容は,高齢者,児童,障害者,貧困家庭,優遇措置対象者向けの貧困救済と福祉サービス,コミュニティの住民に提供する利

便サービス，失業者向けの再就職サービスと社会保障の社会化サービスである。高齢者向けのサービスは，敬老院，託老所，高齢者アパート，老人大学，高齢者活動センター，老人包護組（高齢者の請負サービス），老人法律相談，心理カウンセリング，健康カウンセリングなどがある。

2013年に「養老サービス（高齢者サービス）事業の発展の加速に関する若干の意見」が公布され，2020年まで高齢者の在宅生活を可能にするため，施設は社区を中心に支え，施設の機能と規模では，都市と農村の高齢者を介護することが可能なサービスシステムをつくることを目標としている。在宅高齢者のサービスネットワークをつくり，在宅サービスへの企業の参加により，訪問配食，訪問入浴，訪問清掃，訪問診療，訪問救急などのサービスが提供できるようにする等，個人のニーズに基づくサービスを提供する。

（3）中国の社会福祉施設における資格化の動き

介護職員の職業基準を適切にし，職業教育訓練を科学的，規範的に提供するため，養老護理員国家職業基準（介護職員の国家資格）が制定され，2002年に施行され，職員の資格化制度がスタートした。これは，高齢者施設（主に社会福利院）において初の介護職の職員基準である。

従来の福祉施設の介護職員は，社会的な地位が低く，介護の仕事は汚くてきつい，待遇が悪いというイメージがあった。施設では，農村出身の中年女性の出稼ぎ労働者がパートとして介護に従事している傾向がある。介護職員は，介護に関する教育を受けていないので専門知識がほとんどない。従来の高齢者福祉施設は，いわゆる「三無老人」を主な対象とし，無料でサービスを提供した。1980年代から一人っ子政策と改革開放政策が実施され，核家族化と高齢化が進み，施設への介護ニーズも変化した。都市部では，三無老人以外の高齢者の入所希望者が年々増加している。このような社会的背景により，施設職員の介護の質の向上が必要になった。民政部は，社会福祉の社会化というスローガンのもと，施設入所者の費用徴収などの施策を実施した。

現在の介護職員は，介護資格が必要である。具体的には，①職業概況，②基本要求，③仕事の要求，④比重表から構成されている。2011年には，国家職業技能基準のうち，「養老護理員国家職業基準」が改正された。

> **養老護理員の制度**
> 職業等級：4等級，初級（国家職業資格五級），中級（国家職業資格四級），
> 高級（国家職業資格三級），技師（国家職業資格二級），
> 学　　歴：中卒程度，
> 訓練時間：初級 180時間以上，中級 150時間以上，高級 120時間以上，技
> 師 90時間以上

児　童　福　祉　児童福祉は，（1）児童権益の保護，（2）児童教育，（3）児童福祉施設，（4）浮浪児童救助保護制度に分けて説明する。

（1）児童権益の保護

1991年に「中華人民共和国未成年者保護法」が可決され，未成年者の家庭保護，学校保護，社会保護および司法保護等の措置が可能となった。1992年に「国連児童権利条約」の110か国目の批准国になった。1999年，「中華人民共和国未成年者犯罪予防法」，「中華人民共和国収養法」が可決され，児童の権利が保障されるようになった。1980年代から児童関連の法規は図表2-8のとおりである。

（2）児童教育

1979年，「都市幼稚園工作条例（施行草案）」，1983年，「農村幼児教育の発展に関する意見」，1989年，「幼稚園管理条例」が公布され，都市部と農村部の幼児教育に積極的に取り組むようになった。就学前教育の対象者は，0～2歳児の乳幼児であり，託児所（入所施設）と3歳～小学校入学前の幼児を対象とする幼稚園（教育部所管）がある。2012年，全国幼稚園数は18.1万か所あり，幼稚園児在園人数は3685.8万人である。[7] 2006年に，「義務教育法」が改正され，学費と雑費の免除，経済的困難な児童には教科書の無料提供，寄宿生活の補助の内容が含まれている。「中華人民共和国未成年者保護法」にも，政府が経済的困難な家庭，障害者および流動人口のうち，未成年者に義務教育を提供すると規定してある。

（3）児童福祉施設

児童福祉施設は，民政部門の管轄であり，主に孤児が対象の入所施設である。

図表 2-8　児童福祉関連法規

1986年 4月		全人代で「中華人民共和国義務教育法」可決（2006年6月改正「中華人民共和国義務教育法」施行）
1989年 9月		国家教育委員会による「幼稚園管理条例」公布
1991年 4月		国務院による「児童労働者使用禁止規定」公布
	9月	「中華人民共和国未成年者保護法」公布（2006年12月第1次，2012年10月の第2次改正を経て2013年1月改正「中華人民共和国未成年者保護法」施行）
	12月	中国政府が国連「児童権利条約」加入を批准する
1992年 2月		国務院による「90年代中国児童発展計画要綱」公布／全人代で「中華人民共和国義務教育法実施細則」可決
1994年 7月		国家教育委員会による「障害児童隋班就読事業の展開に関する施行方法」の公布[8]
	10月	全人代で「中華人民共和国母子保健法」可決
	11月	新聞出版署による「少年児童読み物の出版に関す若干の規定」公布
	12月	労働部による「未成年労働者特殊保護規定」公布／衛生部・国家教育委員会による「託児所・幼稚園衛生保健管理方法」公布
1995年 3月		全人代で「中華人民共和国教育法」可決
1996年 8月		衛生部による「学生集団食事衛生監督方法」公布
1998年 3月		国家教育委員会と公安部による「流動児童少年就学暫定方法」公布
1999年 6月		全人代で「中華人民共和国未成年者犯罪予防法」可決
2001年 5月		国務院による「中国児童発展要綱（2001-2010）」公布
2002年10月		国務院による「児童労働者使用禁止規定」に公布，1991年公布した「児童労働者使用禁止規定」廃止
2006年 1月		民政部，教育部などによる「浮浪未成年者事業の強化に関する意見」施行
2007年12月		民政部による「浮浪未成年者救助保護施設基本規範」施行
2011年 7月		国務院による「中国児童発展要綱（2011-2020）」公布

出所：中国政府公文書をもとに，筆者作成。

都市部では，「三無」の児童が対象である。農村部では，前述の「五保」の児童が対象である。

　児童福祉施設には，児童福利院，社会福利院児童部，孤児学校，障害児リハビリセンター，社区特別教育クラス等がある。2006年，「孤児救助事業の強化に関する意見」が出され，孤児の救助の具体的な責務，保護の内容などが規定

された。2009年,「孤児養育最低養育基準制定に関する通知」が公布され,施設内の孤児と一般家庭で生活している里子の孤児の最低養育基準が確立された。社会サービス発展統計公報（中国語名：2012年社会服務発展公報）によると,2012年,全国の孤児は57万人であり,そのうち,施設入所児が9.5万人,里子の孤児は47.5万人である。

（4）浮浪児童救助保護制度

2006年の「浮浪未成年者事業の強化に関する意見」,2007年の「浮浪未成年者救助保護施設基本規範」,2011年の「浮浪未成年者救助保護事業の強化と改善に関する意見」により,児童救助センターが設立され,浮浪未成年者に基本生活,教育,医療,心理的ケア等を提供するようになった。民政部の2012年社会サービス発展統計公報によると,全国児童収容救助サービス機関が724か所あり,ベッド総数が8.7万床,5.4万人が生活している。浮浪児童救助保護センターは,261か所,ベッド数は1万床である。

障害者福祉 第6回全国人口センサスおよび第2次全国障害者調査によると,2010年末,障害者は8502万人である[8]。障害別では,視覚障害者が1263万人,聴覚障害者が2054万人,言語障害者数が130万人,肢体障害者数が2472万人,知的障害者数が568万人,精神障害者数が629万人,重複障害者数が1386万人である。障害者向けの福祉政策の展開は,1980年代以降である。

以下では,障害者福祉の現状について説明する。

1984年に中国障害者社会福利基金会が設立され,1988年に中国障害者連合会が発足された。1990年に「中華人民共和国障害者保障法」が可決され,翌年施行された。2008年の改正により「中華人民共和国障害者保障法」が実施された。その内容は,総則,リハビリ,教育,就業,文化生活,環境,法律責任,権益の保障等からなっており,障害者事業の基本法になった。総則の第14条には,毎年5月の第3日曜日は全国助残日（全国障害者を支援する日）と規定している。2007年に「障害者就業保障条例」が施行された。

1988年に「障害者事業5ヵ年工作要綱（1988〜1992年）」が施行された。初の障害者事業発展計画である。その後,要綱が改定され,2011年に「中国障害者

事業第12次5ヵ年計画要綱（2011〜2015年）」が施行されるようになった。障害者向けの社会保障およびサービスシステムを整え，2015年まで障害者の基本生活，医療，リハビリ，教育，就業，文化スポーツ等の基本的なニーズが制度的に保障され，障害者が平等に社会生活に参加ができることを目指す内容である。

第11次5ヵ年計画要綱（2006〜2010年）では，リハビリプロジェクトが実施され，1037万人の障害者がある程度回復した。障害者特殊教育学校は1704か所，在校障害学生数は42.6万人であり，障害児童少年の義務教育が改善された。障害者職業訓練機構は4704か所で，376.5万人が職業教育と訓練を受けた。障害者就業サービス機構は3019か所，都市部の就職者が179.7万人となり，農村部では，618.4万人が経済的に自立可能となった。都市部と農村部では，1623.7万人と4237.6万人の障害者がそれぞれ各種の社会保障の対象となった。障害者法律サービス機構が3231か所となり，57.9万人が利用した。全国に100の都市がバリアフリーのモデルとなり，都市部におけるバリアフリー環境が改善された[9]。

2001年に「障害者社会福祉施設基本規範」が公布され，障害者福祉施設の運営や設備などに具体的な基準を定めた。2012年の社会サービス発展統計公報によると，全国に民政部門管轄の知的障害および精神障害施設が257か所あり，精神病院が156か所，ベッド総数が4.1万床，入院入所者数が3.6万人である。

3　医療保障の現状

都市部における現行の医療保険制度は，1950年代の労働保険医療制度と公費医療制度に遡る。労働保険医療制度は，財源が全額企業負担で，労働者の自己負担がなく無料で利用可能である。公費医療制度は，国家機関の公務員などが対象で，利用者による資金の拠出がなく，無料医療保障制度である。農村部では，1960年代に農村合作医療制度が施行されたが，集団構成員間の助け合いによるものであり，全額自己負担である。

労働保険医療制度と公費医療制度は，高齢化の進展，医療費無料化による医療費の増加と国家財政負担の増加により，1998年に廃止された。一方，農村合

図表2-9　医療保険の種類と対象者

名　称	加入者	加入形式	加入者数（2012年）
都市従業員基本医療保険	①都市部のすべての企業，公的機関の被用者 ②郷鎮企業の従業員，自営業者	①強制加入 ②任意加入	26,467万人
都市住民基本医療保険	都市住民	任意加入	27,122万人
新型農村合作医療保険	農村住民	任意加入	80,500万人

出所：中華人民共和国衛生和計画生育委員会「2013中国衛生統計提要」をもとに，筆者作成。

作医療制度は，農民の医療費負担軽減策もあったが，1970年代末より農村集団経済体制改革の実施および農村集団経済力の弱体化により大幅に後退し，1980年代末になると，この制度が維持されている農村地域は10％であった。それ以降，新型農村合作医療保険が施行されるまで農民の基本医療保険はなかった。

　1980年代から1990年代にかけて，「全民医療保障」（日本語では国民皆保険）の目標を掲げ，医療保障制度の一連の改革を進めてきた結果，現在では，都市従業員基本医療保険，新型農村合作医療保険，都市住民基本医療保険が施行された。以下では，それらの保険について説明する（図表2-9）。

都市従業員基本医療保険　1998年に労働保険医療制度と公費医療制度が廃止され，全国的に社会的プール基金と個人口座の結合による都市従業員基本医療保険が創設された。

　保険加入者は，①都市部の企業（国営企業，集団企業，外資系企業，民営企業）および公的機関（政府機関，事業単位，社会団体，民間非営利団体）の被用者，②郷鎮企業の従業員，自営業者である。①の加入者は強制加入であり，②の加入者は任意加入である。

　保険料は，労使で負担するが，使用側は前年度在職労働者の年間賃金総額の6％を，労働者は個人年間賃金の2％を負担する。退職者は，基本医療保険料の負担がない。労働者の保険料は個人口座へ，使用者の保険料は7割が社会プール基金に納付され，3割が個人口座に積み立てられる。

　医療費の給付は，社会プール基金から支給起点と支給限度額を決め，従業員

年平均賃金の10％で，最高支給限度額は従業員の年平均賃金の4倍である。支給起点以下の医療費の給付は，個人口座または自己負担により支払い，支給起点以上，支給起点限度額以下の医療費用の支払いは主に社会プール基金から支払い，定率の自己負担も要求される。

| 新型農村合作医療保険 | 2002年に「農村衛生事業を更に強化することに関する決定」が公布され，2010年まで農村衛生サービス体制と農村合作医療制度の整備が含まれた。2009年に「新型農村合作医療制度の強固と発展に関する意見」が公布され，2012年に「2012年新型農村合作医療工作を浴する通知」が実施された。

新型農村合作医療制度の主な内容は，次のとおりである。
①農民の世帯単位で任意加入である。
②財源は，個人負担の保険料と国の補助である。中央と地方財政は，毎年一定の専用資金を投入する。個人負担の保険料10元以上で，地方自治体は，被保険者の1人当たり10元以上を負担し，中央政府中部と西部は，地域加入者の1人当たり10元を負担する。
③給付の内容は，重病治療費の保障であり，外来治療費の一部補助がある。

| 都市住民基本医療保険 | 都市部の非就業者の医療補償問題を解決するため，2007年に「都市部住民基本医療保険試験地域の展開に関する指導意見」が施行された。加入対象は，医療保険の対象外の中学・小学校の学生（職業高等学校，中等専門学校，技術学校の在学生を含めて），児童などであり，任意加入である。主な財源は，加入者負担の保険料と政府による補助がある。モデル都市は，経済発展水準と財政能力に基づき保険料を決める。2010年に政府は，1人の加入者当たり年間120元を補助した。

4　年金保障の現状

中国の年金制度は，大きく分けて4種類である。都市企業従業員基本年金保険，都市住民社会年金保険，新型農村社会年金保険と公務員年金保険である（図表2-10）。以下では，それらの保険について説明する。

（1）都市企業従業員基本年金保険

1997年7月の「統一した企業従業員の基本年金保険制度の設立に関する決定」、2005年の「企業従業員基本年金保険制度の完備に関する決定」により確立された。加入対象は、都市部の各種企業（国営企業、都市集団企業、外資系企業、私営企業など）の従業員、自営業者および非正規雇用の労働者である。拠出金として、企業の負担は企業賃金総額の20％であり、従業員の負担は賃金の8％である。

社会プール基金と個人口座は、社会保険機関が個人の賃金の11％で従業員の個人口座を設け、個人負担額は、全部個人口座に入れ、残りの部分は企業の拠出金から割り当てられる。個人の負担の増加により、企業の個人口座への負担額が3％引き下げられた。個人口座の貯蓄は、従業員の年金のみに使い、前払いは不可能である。離職するときの個人口座は、ポータビリティになる。従業員と退職者が死亡すると、個人口座にある個人の負担額は個人に給付され、企業の拠出部分は社会プール基金に繰り入れる。

年金の受給に関して、企業の法定定年年齢は男性が60歳、女性は55歳だが、工場などの女性従業員は50歳である。社会プール基金と個人口座の年金の受給年齢は、年金納入年数が満15年以上は定年退職後、毎月年金が支給される。年金は、基礎年金と個人口座年金から構成される。基礎年金の受給額は、各省・自治区・直轄市または地区・市の賃金労働者の平均賃金の20％であり、個人口座年金の受給額は、本人の個人口座の積立金を120で割る金額である。年金納入年数が15年未満の者は、基礎年金の受給資格がなく、個人口座の積立金のみ一括支給される。

（2）都市住民社会年金保険

都市企業従業員年金保険制度の対象者は、企業、自営業、自由就業する人員および雇用先と契約を結ぶ農民工である。無職と就業が不安定の理由で都市企業従業員基本年金保険の対象外者は、年金の保障がない。新型農村社会年金保険が発足され、社会各界から都市住民社会年金保険の設立が要請され、2011年都市住民社会年金保険が試験的に実施され、すべての国民が年金の対象となり、いわゆる中国版皆年金を実現するねらいがある。

図表2-10　都市従業員基本年金と都市住民社会年金／新型農村社会年金との比較

	都市企業従業員基本年金保険	都市住民社会年金保険	新型農村社会年金保険
関連政策	「統一した企業従業員の基本年金保険制度の設立に関する決定」（国発［1997］26号）「企業従業員基本年金保険制度の完備に関する決定」（国発［2005］38号）	「都市住民社会年金保険の試験的実施に関する国務院の指導意見」（国発［2011］18号）	「新型農村社会年金保険の施行に関する指導意見」（国発［2009］32号）
対象者	企業（国営企業，集団企業，外資系企業，私営企業など）従業員，自営業者および非正規雇用の労働者	16歳以上（在学生を含めず）で「都市企業従業員基本年金保険」の加入条件を満たさない都市住民	16歳（在学生を含めず）で「都市企業従業員基本年金保険」に加入していない農村住民
強制／任意	強制	任意	
年金保険料基準	企業は賃金総額の20%，従業員は賃金の8%	年間100元から1000元まで100元刻みの10段階に設定，選択が可能	年間100元から500元まで100元刻みの5段階に設定，選択が可能
年金給付要件（給付開始年齢）	納付期間15年以上（男性：満60歳，女性：幹部満55歳，一般従業員50歳）	納付期間15年以上（満60歳以上）	

出所：関志雄（2012）をもとに，筆者一部修正。

　加入者は，都市部の16歳（在学生を含めず）で，都市企業従業員年金保険の加入条件を満たさない非従業員は，戸籍所在地での自由加入である。

　都市住民社会年金保険基金は，保険料と政府補助から構成され，被保険者の保険料は100元から1000元までの10等級であるが，地方政府は現地の状況に基づき等級を増やすことも可能である。被保険者は，自由に等級を選択することができるが，保険料が高いほど受け取る年金額が高くなる。地方政府の補助は，毎年1人当たり30元以上である。年金は，基礎年金と個人口座年金から構成され，生涯にわたり支給される。中央政府が確定した基礎年金基準額は，1人当たり月55元であり，年金納入者は満60歳より支給される。制度が実施されたとき，満60歳であり，都市企業従業員年金保険および他の年金の未加入者は，保険料の負担がなく毎月年金が支給される。年金受給年齢まで15年不足する場合，

年数に応じ，保険料の不足分を納める。年金受給年齢まで15年以上ある場合，年数に応じ，保険料を最低15年間納入する。

（3）新型農村社会年金保険

農村部の高齢者を，家族が経済的に扶養することは当たり前だった。2003年の「社会主義市場経済体制完備の若干の問題に関する中国共産党中央の決定」により，農村の年金保険は世帯を主とし，農村年金保険の基本方針となった。山東省などで試験的に新型農村社会年金保険制度が実施された後，個人，集団および政府の三者で年金資金を負担し，2009年の「新型農村社会年金保険の施行に関する指導意見」の公布により，新型農村社会年金保険（以下，「新農保」という）が実施された。

加入者は，都市部の16歳（在学生を含めず）で，都市企業従業員年金保険の未加入者の農村住民であり，任意加入である。保険料は，本人，集団（村や郷鎮企業）と政府の補助からなる。本人の保険料は，100元から500元までの100元ごとに5段階であり，加入者は保険料の選択が可能である。中央政府は，1人当たり月55元を負担し，地方政府は1人当たり30元以上を負担する。新農保は，都市従業員基本年金保険制度の枠組み（社会プール基金と個人講座）と同じ方式である。年金支給年齢は，60歳からであり，都市企業従業員年金の資格がない農村高齢者も年金の受給資格がある。新型農村社会年金保険制度実施の時，60歳以上で都市企業従業員年金保険の資格がない者は，保険料を納付せず，毎月基礎年金が支給される。年金受給年齢まで15年不足する場合，年数に応じ，保険料の不足分を納める。年金受給年齢まで15年以上ある場合，年数に応じ，保険料を最低15年間納入する。

（4）公務員年金保険

1952年の「各級人民政府の職員の退職に関する処理方法（暫定）」の公布，1955年の「国家機関の職員の退職に関する処理方法（暫定）」および「国家機関の職員の定年退職に関する処理方法（暫定）」により，国家機関および事業単位の職員の年金保険制度が施行された。公務員の退職金は，国家が負担し，人事部門が管理する。受給条件は，男性が60歳以上で勤続年数が25年以上，女性が55歳以上で勤続年数が20年以上であり，年金額は，賃金の50〜70％である。

年金の財政は，政府が負担する。これにより公務員の年金優遇制度，すなわち「年金制度の双軌制」が始まった。1978年6月，文化大革命後，1958年から支給された年金制度が廃止され，企業と国家機関・事業単位の年金制度が分離された。企業労働者の年金は企業が負担し，国家機関・事業単位の公務員の年金は国家が負担する。同制度は企業労働者の定年退職の条件を調整し，定年退職の年金額を高くした。

5　今後の社会保障制度の課題

社会保障制度の格差　以上のように，中国政府は90年代以降，社会保障制度の政策および法律の整備に力を入れてきた。2010年には，社会保障制度の基本的な枠組みが完成した。ただし，一部の人は社会保障の項目が多く，待遇も比較的よいが，一部の人は社会保障項目が少なく，待遇も悪い。例えば，公的機関・事業単位の公職者（公務員など）は，年金の保険料負担がないが，一般企業従業員，農民，都市非就業者は年金の保険料負担がある。年金の給付水準の比率は，高齢農民：都市部高齢住民：企業退職者：退職公務員の順であり1：1：20：41である。医療保障の保険料の割合は，農民：都市部高齢住民：企業退職者：公務員の順であり，1：1：8：12になる。出産に関して，政府機関，企業および事業単位の生育保険があるが，農民はない。国家機関，事業単位および企業の職員は，労災保険が適応されるが，農民はなく，農民が不利な立場である。社会保障制度は，経済格差を縮める必要があるが，経済格差は改善されていない。2014年に「新型農村社会年金保険」と「都市住民社会年金保険」が統合され，経済格差が改善されるとされる。中国は，地域間の発展のアンバランス，都市・農村の格差といった問題を抱えており，これらの問題は経済と社会全体の調和の取れた発展を阻んでいるだけでなく，都市化のプロセスを妨げる重要な要素となっている。

社会保障財政の危機　現行の社会保障財政は，いくつかの問題がある。
①被保険者の高齢化が進んでいる。高齢化により，保険料の納入額よりも保険料の給付額が多いことであり，社会保険制度の設計およ

び運用と関連する。
② 社会保険料の納付システムの未整備である。事業者により保険料のばらつきがあり，保険料の負担を避けるために賃金の総額を少なく報告する企業がある。
③ 社会保険基金の運用利率が悪い。社会保険基金は，主に銀行が運用するが，国債の購入のかたちで投資しているので利回りが悪い。

社会保障管理および運用システムの問題 政府が「調和社会の構築」をスローガンに掲げ，社会の格差を解消するため，「皆保険・皆年金」の実現を目指している。社会保障事業が近年飛躍的に発展しつつある。しかし，1949年10月に中華人民共和国成立以来，都市部と農村部において二元化した社会制度が実施され，今日まで都市戸籍と農村戸籍の制度が存続している。現行の社会保障制度の大部分は，戸籍と深く関連しており，農村部から都市部への出稼ぎなどの流入人口が増えている中，流動人口の医療保険，社会救助，社会福祉および公共サービスなど整備されていない。

社会保障の業務の担当能力の問題 社会保障の業務に関して，サービス項目が多く，サービス対象範囲も拡大されているが，業務担当者が不足している。特に，専門性の高い人材の育成が不十分である。持続的な社会保障制度の設計・運営のために，専門知識を有する社会保障専門人材の養成が不可欠である。社会保障の対象者が流動的で，身分の変更も容易であるので，コンピューターのネットワークを構築し，全国統一した社会保障情報管理システムを整備する必要がある。

【参考文献】
埋橋孝文ほか（2013）『中国の弱者層と社会保障』明石書店
王文亮編著（2008）『現代中国の社会と福祉』ミネルヴァ書房
柯　　隆（2013）「中国の所得格差の拡大とジニ係数」富士通総研
　　http://jp.fujitsu.com/group/fri/report/china-research/topics/2013/no-164.html
関　志雄（2012）「高齢化に備える年金改革」独立行政法人　経済産業研究所
宮尾恵美（2013）「中国高齢者権益保障法の改正」国立国会図書館調査及び立法考査局

呉玉韶主編（2013）『中国老齢事業発展報告』社会科学文献出版社
鐘仁耀主編（2013）『社会保障概論』東北財経大学出版社
中華人民共和国国家統計局（2014）「中華人民共和国2013年国民経済と社会発展統計公報」
中華人民共和国国務院新聞弁公室（2004）『中国社会保障の状況と政策白書』（中国語で『中国的社会保障状況和政策白皮書』）
中華人民共和国民政部（2001）『老人社会福祉機関基本規範』
鄭功成主編（2008）『社会保障概論』復旦大学出版社
劉鈞編著（2005）『社会保障理論与実務』清華大学出版社
李　本公（2007）『中国人口老齢化発展趨勢発展趨勢予測』（中方案），華齢出版社
朝日新聞デジタル　http://www.asahi.com/articles/ASG1N3QXKG1NULFA005.html
京都新聞　http://www.kyoto-np.co.jp/info/syasetsu/20121116_3.html
中華人民共和国国家統計局
　　http://www.gov.cn/gzdt/2014-02/24/content_2619733.htm
中華人民共和国教育部　http://www.gov.cn/test/2013-10/29/content_2517465.htm
中華人民共和国民政部
　　http://cws.mca.gov.cn/article/tjbg/201306/20130600474746.shtml
中国障害者連合会
　　http://www.cdpf.org.cn/sytj/content/2012-06/26/content_30399867.htm
独立行政法人経済産業研究所
　　http://www.rieti.go.jp/users/china-tr/jp/120730kaikaku.htm

1）　中華人民共和国国家統計局（2014）。
2）　王文亮編著（2008），82-83頁。
3）　柯隆（2013）。
4）　中華人民共和国国務院新聞弁公室（2004）。
5）　中国の戸籍制度は1958年の戸籍登録条例の制定に遡る。1964年，国務院は「戸籍の移転に関する公安部門の規定」を公布し，農村部から都市部への戸籍移転を原則禁止した。これにより，中国国民の戸籍は都市戸籍と農村戸籍に二分され，すべての国民は常住地で戸籍登録を行い，農村戸籍の親をもつ子どもは必然的に土地から離れることができず，職業選択の自由もなくなる。なお，改革開放政策実施後，経済発展により，出稼ぎ労働者が農村から都市へ大量に流入する減少が起き，戸籍の改革の声も高まり，見直しされている。
6）　宮尾恵美（2013）。
7）　中華人民共和国教育部webサイト。
8）　随班就読：障害のある生徒を通常学校のクラスの中に入れさせて，教育を受けさせる

障害児教育の形態のひとつである。
 9)　中国障害者連合会webサイト。
10)　年金制度を鉄道の複線軌道に喩え、「年金双軌制」と呼ばれている。つまり、中国の年金制度は、「官」と「民」が違う「二重制」となり、都市従業員は保険料を支払い、受給される年金額が低く、一方、公務員などの公職者は保険料の自己負担がなく、高額の年金が受給される。年金額の格差が生じ、「官」に有利な制度である。

第3章 韓国

金　貞任

1　韓国の概要

位置　大韓民国（以下，「韓国」という）は，アジア大陸北東部から南東の方向に突き出している半島部と，大小の島3200余りからなっている。韓国の面積は，9万9600km²（朝鮮半島の総面積の45％）であり，北は中国大陸，ロシア沿海州と接しており，南は大韓海峡を挟んで日本と向かい合っている。北緯33－43度，東経124－132度の間にあり，半島の中心部の経度は，東経127度30分で，緯度は北緯38度である。

人口・高齢化率　韓国の総人口は，2010年で4941万人である。韓国人の平均寿命は，2010年で男性が77歳，女性が83歳となり，今後も平均寿命は延びることが予想されている。しかし，合計特殊出生率，すなわち，1人の女性が生涯産む子どもの数は1970年の4.53人から2010年の1.21人と減少した（図表3-1）。老年人口は，毎年増加する傾向があるが，年少人口，すなわち今後老年人口を扶養する人口は毎年減少しつつあり，2020年には老年人口と年少人口がほぼ同じ割合になることが予想されている。総人口は，2030年に5216万人でピークを迎え，その後は減少に転じると推計されている。

2000年に高齢化社会（高齢者人口が7％以上14％未満の社会）となり，2017年で高齢社会（高齢者人口が14％以上）へと突入することが予測されており，高齢化社会から高齢社会への到達が他の先進諸国よりも早い。すなわち，合計特殊出生率の減少により，老年人口のみが増加を続け，社会保障のあり方が問われており，社会保障対策の整備が急務である。

図表 3-1　人口動態の動向

年度	1970	1980	1990	2000	2010
総人口（千人）	31,224	38,124	42,869	47,275	49,410
平均寿命					
男性	58.7	61.8	67.3	72.3	77.0
女性	65.5	70.0	75.5	79.6	83.3
合計特殊出生率	4.53	2.83	1.59	1.47	1.21
従属人口指数					
年少人口（0-14歳）	77.2	54.3	37.0	29.2	16.1
老年人口（65歳以上）	6.1	6.2	7.2	10.2	11.0

出所：統計庁『人口住宅総調査』『将来人口推計』各年度

図表 3-2　世帯構成形態および平均世帯員の数

年度	一人世帯	夫婦のみ	二世代	三世代	平均世帯員数	四世代
1975	4.2	6.7	68.9	19.2	5.1	1.0
1985	6.9	9.6	67.0	14.8	4.1	0.5
1995	12.7	12.7	63.3	10.0	3.3	0.2
2005	16.2	16.2	55.4	7.0	2.9	0.1
2010	17.5	17.5	51.3	6.2	2.7	

注：二世代世帯は，夫婦＋子ども，祖父母＋孫，夫婦＋親からなる世帯である。
出所：統計庁『人口住宅総調査報告書』各年度

　三世代世帯と二世代世帯は減少を続けている。その結果，平均世帯員も減少を続けていることが読み取れる（**図表3-2**）。虚弱な高齢者が安心して地域社会から孤立しないように，安否確認など地域ネットワークの観点からの対策が益々重要となる。

経済・政治状況　韓国は1945年に日本から独立したが，国が南北に分かれ南が民主主義，北が共産主義となり，南北間の緊張は現在も続いている。以下では，韓国の経済・政治状況の展開過程について簡略的に説明する。

　第1に，李承晩（イスンマン）政権時代（1948～1961年）は，大韓民国建国以降であり，インフラの未整備，食糧不足など国民の生活水準は悲惨であり，米国からの食糧援助に依存する状況であった。政治的には，朝鮮戦争（1950.6～1953.7）後の政

治的・経済的混乱が続いた時代であった。防衛費と国内治安のための支出が1954年で42％と国の予算の約半分を占め，国内産業は，第1次産業が中心であり，経済開発の予算が1954年に15％で低いことが読み取れる。

　第2に，朴正熙（パクチョンヒ）政権（1962～1979年）は，1961年の5.16軍事クーデタにより誕生した。1971年の選挙では野党の大統領候補を意識し地域感情を利用して支持を呼びかけ，地域への利益配分の不公平と政権支持が結合したかたちで政策を展開した結果，全羅道に対する地域差別意識が現在も残存している。経済的には，中長期経済開発5カ年計画を1962年に実施するなど経済構造の改革を積極的に推進し，1977年で輸出が100億ドルを突破し，1978年で1人当たり所得が1000ドルを超えた。財政的には1979年で初めて7％黒字となり，高度成長は「ハンカン（漢江。ソウル市の中心部に流れている川）の奇跡」ともいわれた。しかし，朴氏は1979年10月26日に暗殺され，朴政権時代が幕を閉じた。

　第3に，全斗煥（チョンドハン）政権時代（1980～1987年）は，1980年で「5.18日光州民主化運動」を流血鎮圧して政権を握った後，独裁的な選挙を実施し大統領となり，大統領任期は8年で一期のみと制限した。政治的には，政権に反対する側に対して圧力をかけ，大学生と労働者などによる紛争が絶えなかった。経済的には，経済優先政策の実施により1984年で黒字の達成，消費者物価安定政策を講じたが，財閥と政府の相互依存的な関係の政権癒着問題は深刻であった。

　第4に，盧泰愚（ノテウ）政権時代（1988～1992年）は，建国以来初の国民直接選挙により大統領となり，大統領の任期が5年で一期のみとなり，その任期は現在も続いている。都市と農村の格差，貧富の格差が社会問題となり，財閥と政府の相互依存の政権癒着問題が表面化された。1988年度支出は，防衛費が31％で最も高く，教育費が21％，経済開発が15％の順であった。一方，1988年度にソウルオリンピックを開催して，韓国が世界的に知られる契機となり，北朝鮮と共にUN（国際連合）加入国となるなど共産主義国との外交関係が始まったのである。

　第5に，金泳三（キムヨンサム）政権時代（1993～1997年）は，過去の軍出身の政権から脱皮し，初めて一般人による文民政府が誕生した。政治家と経済団体の癒着を根絶するために，金融資産の流れを透明化するための金融実名制を導入した。1993年で

OECD（経済協力開発機構）加盟国となり，1995年で国民所得が1万ドル以上と輸出が1000億ドルを突破し，5年間平均経済成長率が7％となった。しかし，1997年のアジア通貨危機（IMF危機）を迎え，経済的に深刻な被害を受けるようになった。他方，地方財政交付金を実施し，地方分権を試みたのである。

第6に，金大中（キムデジュン）政権時代（1998〜2002年）は，建国以来初の与野党間の政権交代であり，「国民の政府」時代ともいわれた。アジア通貨危機（IMF危機）を克服するために，「生産的福祉」政策を展開した。生産的福祉とは，①最低生活の保障，②人的資源への投資を通じた人間開発中心の福祉，③労働者や使用者およびその代表団体，政府，市民社会など多様なアクターの参加である。1998年で実質GDPはマイナス7％だったが，5年間の平均経済成長率が5％になるなど経済回復のために努めた。北朝鮮については，「太陽政策」による融和政策を実施した。

第7に，盧武鉉（ノムヒョン）政権時代（2003〜2007年）は，「参与福祉」（国民が参加する政府）を実施し，2004年以降で経済成長がプラス成長に転じ，5年間の平均経済成長率が4％，平均消費者物価指数が3％で安定的であった。北朝鮮については，前政権の太陽政策を継承した。退任後，側近・親族と本人の不正献金疑惑に追い込まれ，2009年5月に自殺した。

第8に，李明博（イミョンバク）政権時代（2008〜2012年）は，現政権を批判する勢力に対して抑圧政策を実施した。経済的には747公約（経済成長率を7％とする政策）を宣言し，四大河川工事のために22兆ウォンを投入したが，効果が少ないという批判が強い。2008年から2011年度までの4年間の平均経済成長率は3.1％だったが，平均消費者物価が3.6％，平均ガソリン価格が6.3％であった。政府と財閥との癒着関係が社会的問題となり，中流階級が減少し（'00年71.7％，'05年69.2％，'10年で67.5％），貧困層が増加（'00年で9.2％，'05年で11.9％，'10年で12.5％）するなど社会格差が問題になった。

地方自治体　韓国は，朴正熙政権から長期間にわたり中央政権による統治であったが，金泳三政権の時期に，自治体の選挙による自治団体長と地方議員が選出された。一般行政分野においては，行政の役割と財源が制約されたかたちで地方自治体が創設された。

金大中政権では，大統領選挙時に中央政府の役割の地方委譲を公約に採択し，就任後1999年に「中央行政権限の地方委譲促進等に関する法律」が制定され，国家よりも地方自治体のほうが優先されるようになった。大統領直属の「地方委譲推進委員会」が設置されたが，地方分権よりも国家均衡発展に重点を置き，低発展地域への経済的支援を重視した。

　盧武鉉政権も，大統領選挙時に中央行政事務の持続的な地方委譲を公約に採択し，就任後は「政府革新地方分権委員会」の発足，「政府革新地方分権ロードマップ」の策定，「地方分権特別法」の制定，「地方分権５カ年総合実行計画」の策定等の地方分権達成を目指した。2004年には，指定地域において，減税，規制緩和等の優遇措置によって外国資本を誘致し，地域経済活性化を図ることを主な目的とするFEZ（経済自由区域）として，「仁川」，「釜山・鎮海」，「光陽湾圏」が指定されるなど，多くの分権課題を発掘し，解決策を推進した。

　李明博政権は，2008年に「地方分権促進に関する特別法」を施行し，「地方分権促進委員会」を設立し，2009年には「地方分権総合実行計画」を策定した。また，2012年に地方行政体制改編に関する総合的な基本計画が策定された。中央政府は地方自治体の広域化や統合化を目的として，一方的に地方行政体制の改編を進めていた。地域政策の中心としては「５＋２の広域経済圏」構想が推進され，全国の16の広域地方自治団体（道９，ソウル特別市，広域市６）を，５つの広域経済圏と２つの特別広域経済圏に再編し，既存の行政枠を超えた，広域的な地域戦略を推進することで，地域産業経済のグローバル競争力を強化した。

社会保障の特徴

　韓国の社会保障は，国が貧困者と失業者についてのみ責任を負う必要があるという新自由主義（new liberalism）を根幹にしている。新自由主義とは，基本的に個人の自由と財産を保護し，市場競争の不公平の是正と平等を強調することである。

　韓国の社会保障は，1960年第４次憲法改正で「国家の社会保障に関する努力」が規定され，1963年「社会保障に関する法律」の制定により明文化された。社会保障の用語は，1980年の憲法改正により用いられた。社会保障とは，「疾病，障害，老齢，失業，死亡などの社会的リスクから全国民を保護し，貧困問題の解決，国民生活の質を向上するために提供する社会保険，公的扶助，社会福祉

サービスと関連福祉制度」である。

　韓国の最初の社会保険制度は，1963年に制定され1964年に実行された労災保険法（産災保険）である。産災保険制度は，業務上の負傷，疾病，身体障害または死亡など，災害によって被害を被った産災労働者とその家族の生活を保障するための保険である。国民健康保険制度は，1963年に制定されたが，1976年度から労働者の規模が大きい事業所を対象に施行され，次第に全国民が健康保険の対象となった。国民年金法は，国民が老齢，障害，死亡などにより所得活動ができないときに備えて1973年に制定されたが，1988年度から施行された。雇用保険制度は，失業保険事業，雇用安定事業，職業能力開発事業などの政策と連携して統合的に実施するために，1995年から施行された。介護保険制度（老人長期療養保険法）は，高齢者の介護問題が老後最大の不安要因として認識され，2008年7月に施行された。

　社会保障の保険料は，3つの保険公団（国民健康保険公団，国民年金公団，勤労福祉公団）が徴収したが，2011年度から5つの社会保障の保険料（健康保険，老人長期療養保険，年金保険，産災保険と雇用保険）を国民健康保険公団の1か所で徴収している。

　韓国の社会保障の実施は，日本や他の先進諸国よりも遅れており，社会保障の支出は規模と金額が小さく，そのために保険料の負担も抑制されてきた。す

図表3-3　五大社会保険制度の給付と財政

区　分	健康保険	老人長期療養保険	国民年金	産災保険	雇用保険
管轄部	保健福祉部			労働部	
保険者	国民健康保険公団		国民年金公団	勤労福祉公団	労働部
施行年	1997年7月	2008年7月	1988年1月	1964年7月	1995年7月
被保険者	全国民	健康保険の加入者	全国民	常勤1人以上労働者の事業所	
給付の格差	均等給付	均等給付	所得比例	所得比例	所得比例
財政方式	賦課方式 2元化（職場，地域）	積立方式 1元化	修正積立方式 1元化	賦課方式	修正積立方式

出所：四大社会保険連携センター　http://www.4insure.or.kr/ptl/guid/cntr/SoclItdnLayout.do

なわち，韓国の社会保障制度には，①子どもによる老親の経済的扶養を前提，②子育てと高齢者介護の家族への依存（特に，妻や息子の妻に対する依存度が高い）といった特徴がある（図表3-3）。

2　社会福祉の現状

高齢者福祉の現状

（1）介護保険制度導入以前のサービス

a）施設サービス：介護保険制度導入以前の入所施設は，高齢者の入所負担の程度によって，無料施設，軽費施設，有料施設に区別された。入所者の健康状態によって，老人住居福祉施設と老人医療福祉施設の養老施設，療養施設，専門療養施設から構成されている。無料施設は，生活保護者が対象であり，軽費施設は都市勤労者の一般世帯の平均収入より低い所得者が対象である。養老施設は，65歳以上の日常生活が自立できる者が入所するが，療養施設は，65歳以上の高齢者の中で日常生活が自立できない者が入所する。有料施設は，1988年の京幾道ユダンマウル（町）の施設が最初であり，日本と同様に入所者が全額自己負担することを前提にしている。

入所施設の実施主体は，国と地方自治体であるが，それら以外の者が施設を運営する場合は，道知事・市長・郡守，区庁長（自治体の責任者）に申告する必要がある（老人福祉法33条2項）。老人専門病院は，医療法により開設し，市・道知事からの許可が必要である。

b）在宅福祉サービス：在宅福祉サービスには，家庭奉仕員派遣事業（訪問介護），デイサービス（現在，週間・夜間サービス），ショートステイサービスがある。①家庭奉仕員派遣事業は，1987年から韓国老人福祉会館で提供したが，1996年にソウル市が初めて公的サービスとして導入し，ヘルパーを「ドウミ」と名付けた。「ドウミ」とは，助け合うということである。②訪問サービス（「家事介護訪問ドウミ事業」）は，2001年から生活保護の高齢者を対象に提供したが，次第に低所得の障害者と青少年に拡大された。この事業の予算は，宝くじの収益の一部から賄われている。③デイサービスは1992年からスタートし，④ショートステイサービスは1994年から運営されている。

在宅施設の実施主体は，国と地方自治体であるが，それら以外の者は，道知事・市長・郡守，区庁長に事業所の設立の申告の義務がある（老人福祉法39条）。

(2) 介護保険制度の現状

a）保険者と被保険者：介護保険制度（老人長期療養保険制度）は，2008年7月から実施されている最も新しい社会保険制度である。介護保険制度の運営主体（保険者）は，全国で国民健康保険公団の1か所であり，国と自治体が保険者を支援する体制となっている。

介護保険に加入する被保険者は，国民健康保険に加入している全国民であり，保険料は所得水準に応じて決まる。

b）サービス対象者，サービス利用の手続と要介護認定区分：介護給付の対象者は，65歳以上の高齢者と65歳未満の認知症・脳血管性疾患など老人性疾病を有する者である。

介護サービス利用の手続の申請から利用までの流れは，次のとおりである。
①健康保険公団の支部の介護保険窓口に「要介護認定申請書」を提出する（申請）。かかりつけ医の意見書を添付する。
②健康保険公団の職員が自宅へ直接訪問し，要介護申請者の心身の状況などについて調査する（訪問調査）。
③認定調査員が調査した調査票により，全国一律の基準でコンピューターによる1次判定を行う（判定）。
④保健・医療・福祉の専門家など介護認定審査会が要介護度を認定する（認定）。
⑤要介護認定証を郵送する。モデルケアプランも共に送付する（認定書の送付）。
⑥要介護認定者はサービス事業者との契約の締結により各種サービスが利用可能である（契約とサービス利用）。

要介護認定の区分は，1等級（日本の要介護5に当たる），2等級（要介護4），3等級（要介護3），4等級（要介護2），5等級（認知症）となる。要介護認定点数は，要介護度が重いほど高くなるようになっている。

c）介護保険制度の仕組み：介護保険財政の構成は，国が毎年当該年度の介護保険料の20％を負担し，自治体が介護給付費，医師所見書，訪問看護指示書に関する費用を負担する。介護保険料が50％，自己負担割合は，在宅サービス

図表 3-4　介護保険制度の概要

名　称	老人長期療養保険法
保険者	国民健康保険公団
被保険者	国民健康保険の加入者
給付対象	高齢者，老化に伴う疾病による要介護者
サービス申請	主治医意見書→申請 認定調査→コンピュータによる1次判定 →介護認定審査会で2次判定
要介護度	1等級，2等級，3等級，4等級，5等級（認知症）
保険財源	公費20%（国80%，市町村20%）＋市町村（生活保護者全額無料，低所得者の自己負担50%） 医療保険料の10%以下で設定（5.89%） 介護保険料（6.55%）
サービス利用者の自己負担	在宅15%，施設20%
保険料徴収	健康保険料に上乗せ
営利企業参加	在宅介護と入所施設：参入可能
ケアプラン作成	公団職員，認定者の意見反映せず要介護度に基づき作成
サービス利用	事業所と契約（ケアプラン無）
サービス種類 　在宅サービス	訪問介護，訪問入浴，訪問看護，デイサービス，短期入所，福祉用具
施設入所	老人療養施設（特別養護老人ホーム），老人療養共同生活家庭（グループホーム）

筆者作成

利用者が15%，施設利用者が20%である。生活保護受給者（国民基礎生活保障の受給者）の自己負担は，全額公費で賄うが，その費用は国が80%，自治体が20%を負担する。

　サービス利用の自己負担について，施設サービスの利用者はかかった費用の2割（食費・居住費は全額自己負担），在宅サービスの利用者はかかった費用の1.5割を負担する。なお，低所得者はサービス利用にかかった費用の自己負担額の5割を負担し，5割は国と自治体が負担する。生活保護の受給者は，介護保険料とサービス利用の自己負担が無料である。

介護サービスの種類について，施設サービスには，特別養護老人ホーム（老人療養施設），グループホーム（老人療養共同生活家庭）がある。グループホームには，認知症高齢者のみならず身体障害の高齢者も入所可能である。在宅サービスには，訪問介護（ホームヘルプ），訪問入浴，デイサービス，短期入所生活介護（ショートステイ），福祉用具の貸与・購入などがある。

　現金給付には，特別現金給付の家族療養費，特例療養費，療養病院付添費がある。介護ヘルパー資格保有者（療養保護士）の家族介護者には，現金給付がある。家族療養費は，山村・離島などに介護事業所がない村の家族介護者に月15万ウォンが支給される。介護ヘルパー資格保有者の家族が要介護認定者に介護サービスを提供すると，現金給付があるが，要介護認定者との同居・別居により介護給付額に格差がある。療養病院付添費とは，要介護者が老人専門病院または療養病院に入院するとき，介護付添い費が支給されるが，保険財政が充実していない理由でまだ実施されていない。

　d）介護サービスの利用の現状：高齢者に占める要介護申請者の割合は，2009年で7.4％，2013年で10.7％と増加した。要介護認定者は，2009年で21.4万人，2013年で約35万人に増加した。要介護度別では，2009年と2013年の間に，3等級が16.1万人から24万人となり，2等級が7.1万人から7.1万人，1等級が5.4万人から3.7万に減少した。高齢者に占める要介護認定者の割合は，2009年に5.4％，2010年から現在に至るまで5.7％を維持している。要介護認定者に占めるサービス利用の割合は，2009年に82％，2010年89.9％，2011年に89.1％，2012年に88.2％を占めている。サービス利用率が高いのは，介護ヘルパー資格を有する家族への現金給付の割合が高いことを考慮する必要がある。

障害者福祉

（1）障害者法の展開過程

　障害者とは，「身体的，精神的障害により長時間に渡って日常生活又は社会生活を行うのに相当の制約を受ける者」である（障害者福祉第2条）。

　障害者福祉法は，1981年に「心身障害者福祉法」として初めて制定され，1989年で「障害者福祉法」に名称が変更された。障害者教育とリハビリテーションは，1990年の「障害者雇用促進等に関する法律」と1993年の「特殊教育振興

図表3-5　障害者施策の展開

救済および制度導入段階 〜1987年	施策拡張段階制度成熟段階 1988〜1997	制度成熟段階 1998年〜現在
障害者への社会的認知が脆弱 措置制度による要保護政策 社会福祉の一環として政策実施 心身障害者福祉法制定(1981) →紹介者福祉法に名称変更	障害者登録事業開始（1989） 自動車所有者へのガソリン代支給（1990） 障害者雇用促進法制定(1990) 歩行障害者への便宜増進法制定（1997）	障害者発展5カ年計画開始（1998） 障害範囲の拡大 車所有者への罰金禁止法制定（2008） 基礎年金制度実施（2010） 活動支援法施行（2011）

出所：李スンキ（2012），『国立リハビリ院』をもとに，筆者作成。

法」の制定により始まった。「障害者・老人・妊産婦等の便宜増進保障に関する法律」が1997年に制定・公布され，バリアフリーに関して関心が高まるようになった（図表3-5）。

　韓国女性NGO委員会に障害者分課が1995年に新設され，障害者人口憲章および障害者福祉法に障害女性の項目が追加されたのが1999年であり，障害女性の権利が強化される仕組みとなった。障害者に対する差別及び権利救済法に関する法律は2007年に制定，2008年に実施され，障害者年金法は2010年7月に制定・実施され，障害者活動支援に関する法律が2011年に制定・実施された。

　障害者福祉法の2011年の改正では，入所定員が100人以上の施設は，施設定員が30人未満の小規模施設に縮小することを骨子とした。障害者福祉法の2012年の改正により，障害者生活施設が障害者居住施設に名称変更された。地域のリハビリ施設のうち，住居と生活支援をしている短期保護施設と共同生活家庭は，障害者居住施設に名称変更された。

（2）障害者人口と障害者雇用対策

a）障害者人口と障害の種類：障害者登録人口は，2000年に144.9万人，2011年に251.9万人となり，毎年増加する傾向がある。障害者等級別では，5級が53.1万人で最も多く，次に3級が43.3万人，2級が35.1万人，1級が21万人の順である。

　障害者登録制度は，1988年から実施されたが，約10年間は福祉サービスのインフラ整備が不十分であること，国民の制度に関する理解不足などにより障害

者登録率が5割未満であった。1997年韓国経済危機以降，障害者福祉対策が強化され，登録率が高まるようになった。

　障害者福祉法による障害の種類は，現在15種類（肢体障害，脳病変障害，聴覚障害，言語障害，知的障害，精神障害，自閉症，心臓障害，腎臓障害，胃臓障害，呼吸器障害，肝臓障害，顔面障害，腸瘻・尿瘻障害，てんかん障害）がある。障害の種類別にみると，2010年で肢体障害が53.1％で最も多く，聴覚障害が11.9％，脳病変が10.4％，視覚障害が9.9％，知的障害が6.4％である。

　b）障害者雇用対策：障害者雇用対策として，義務雇用政策であり，事業者に対して障害者の雇用を義務づける政策である。義務雇用政策は，1991年で対象範囲を常用雇用労働者300人以上の事業所としたが，2004年で常用雇用労働者50人以上の事業所に拡大した。障害者雇用を促進するために，1991年で法定雇用率は1.1％だったが，2010年で法定雇用率は公共機関が3.0％，民間企業が2.3％に拡大された。実際雇用率は，公共機関が2.2％で最も高く，政府機関が1.97％，一般企業が1.84％の順であり，実際雇用率が法定雇用率を下回っているのが現状である。雇用労働部によると，2009年12月現在義務雇用事業所は2万2209か所であるが，障害者を雇用している事業所が1万1857か所（53.4％）である。

　雇用労働部によると，2011年障害者の就業率は36％で，国民全体の就業率（60％）よりも低い水準である。就業分野では，単純労働が30.1％で高く，専門職と事務職がそれぞれ7.1％と6.5％で低い水準である。

　障害者雇用の促進のために雇用主には，奨励金，補助金，雇用管理費用および施設改善費用を補助している。さらに，障害者の職業能力開発を促進し，障害者を雇用している施設または新たに雇用する施設には，リハ施設設置，介助，修理費用を無償で支援する。その他，障害者福祉工場設立，資金融資，寮などの新築・増築，作業装備，休憩室，リハ治療室の施設に対する資金融資，障害者通勤車の購入の融資を実施している。新規障害者の事業所には，2年間障害者雇用補助金を支援している。

　c）障害者年金と所得保障の現状：障害者手当の受給の対象者は，生活保護（国民基礎生活保障）の障害者手帳の1級と2級（知的障害者および発達障害者の場合

は3級）所持者だったが，2005年で生活保護のすべての障害者に拡大された。2007年で生活保護法の実施により，障害手当の対象者は，低所得層（120％未満）の18歳未満の障害登録者（保障施設障害者は年齢にかかわらず障害手当のみ支給）の重中度障害者（1級・2級，他の障害が重複の3級知的障害者および発達障害者），軽度障害者（3級〜6級）（手当）に拡大された。

　障害手当は，重中度者が月額13万ウォン，軽度が月額3万ウォンである。障害児童手当は，2007年から18歳未満の国民基礎生活保障の受給および低所得層の児童が対象であり，児童手当は，重中度が月額20万ウォンである。障害施設の入所者の障害手当は，重中度者が月額7万ウォン，軽度者が月額2万ウォンである。

　障害者年金制度は，2010年7月から実施され，2011年6月で障害者年金受給者は30.8万人で，重中度障害者の55％（重中度55万9310人）が障害者年金を受給している。障害者年金額は，重中度障害者（1級〜2級および3級複数障害）に月額9.1〜15.1万ウォンである。

　障害者の経済的状況に関して，障害者の平均収入は，2011年，月額142万ウォンであり，労働者の平均収入（311万ウォン）の45.7％である。障害者の平均世帯収入は月額198万ウォンであり，全世帯の平均収入（371万ウォン）の53.3％と低い水準である。相対貧困率は，2009年で障害者が39.8％，非障害者が15.7％であり，障害者の相対貧困率が非障害者よりも2.5倍高く，OECD所得の平均18％よりも高い水準である。相対的貧困率とは，国民の所得の中央値（所得の低い額から順番に並べたときに中央値）の半分未満の所得しかない人々の割合である。

　福祉予算が政府予算に占める割合は，2007年に0.3％であり，2005年の障害給付がGDPに占める割合は，0.14％であり，OECD諸国の平均1.2％よりも低い水準である。障害者福祉予算は，2008年に9500億ウォン，2012年に1兆9486億ウォンであり，増加する傾向にある。

（3）障害者サービス

　a）活動支援サービス：「障害者活動支援に関する法律」が2011年に制定され，身体的・精神的に日常生活が困難な障害者に活動補助サービスを提供し，障害

者の自立生活と社会参与を増進することを目的としている。

　①サービス対象者は，所得水準にかかわらず6歳～65歳未満の1級（重度）～4級の障害者である。②サービス種類は，活動補助（身体介護，家事サービス，社会活動支援；同行，外出），訪問入浴，訪問看護サービスがある。③サービス利用の自己負担は，生活保護の受給者が無料，低所得者が2万ウォン，それ以外の階層は所得に応じて6～15％を負担する。サービス利用の自己負担は，国民年金の障害者年金の5％水準であり，その範囲は5万1600～9万1200ウォンである。④サービス給付の1か月の限度額は，1等級が86万ウォン，2等級が69万ウォン，3等級が52万ウォン，4等級が35万ウォンである。ただし，ひとり暮らしは，16.6万ウォン，出産補助が66.4万ウォン，低所得世帯が8.3万ウォン，施設退所後自立生活準備者は16.6万ウォン，就学者は8.3万ウォンが追加的に給付される。

　児童障害の家族には，家族の養育負担を軽減する目的でリハビリ，言語発達支援サービス，ケアサービスが提供される。このサービス利用者は，2010年で3万2571人，2011年で4万3944人と増加した。

　b）入所施設：障害者施設の入所許可は，市郡区庁長の依頼によって可能であり，施設は正当な理由なしに障害者の入所拒否ができない（障害者福祉法第31条，47条）。

　施設の入所者は，生活保護の受給者，扶養義務者がいない者，扶養義務者が責任能力がない者である。施設入所の自己負担は，生活保護者が無料，非生活保護者の中で入所定員の30％は，月16.7万ウォン未満である。

　入所施設は，2011年で490か所あり，入所者が2.5万人だが，定員が100人以上の施設が17.8％（87か所）で，41％（1万人）を占めている。今後，入所定員が30人以上の施設は，段階的に30人未満の小規模施設に転換する予定であり，100人以上入所施設は，2017年までに12.2％と縮小する計画である。

児童福祉

　韓国では，1960年代から実施した「2人っ子政策」が1983年に人口の置き換え水準の2.1を下回るようになり成果を上げることができた。その後から出生率は減少を続け，2003年には合計特殊出生率が1.19まで低下し，世界で最も出生率が低い国となり，2010年には1.21と

なった。近年，少子化の原因は，晩婚化，晩産化，子ども育成に必要な教育費用の増加のみならず，夫婦の出生力の低下にもあり，男性も含めて働き方の見直し，仕事と子育てのバランスが強調されるようになった。

　韓国において，児童福祉に関する最初の立法は1961年12月に制定された児童福利法である。当時は，国の財政の確保が困難であり，保護対象者が制限的であり，要保護政策であった。その後1981年3月に児童福祉法改正が国会で議決され，同年4月に実行されるようになった。それにより，要保護児童に限定せず，次代を担う子どもすべてを対象とする普遍的な児童福祉法が公布された。1991年に乳幼児保育法を制定し，既存の託児事業から保護と教育を統合した保育事業として拡大された。

　近年，乳幼児を対象とした児童手当の拡大が進められており，2009年7月から施設に通わない子どもを対象とした養育手当が導入され，2012年3月から2歳児未満と5歳児に対して無償保育と無償教育（保育料と授業料に関して所得制限なし）の養育手当が開始された。さらに，2013年3月から養育手当制度が改正・実施され，子どもを養育するすべての世帯を対象に（所得制限なし），保育料や養育手当が支給されることになった。韓国政府が養育手当を拡大した目的は，子育て世帯の経済的負担を減らすことと，急速なスピードで進行している少子化を抑制するねらいがある。

　子どもの家（以下，「保育所」という）は増加傾向があり，2012年に4万2527か所であり，2000年度に比べると2.2倍増加した。しかし，国・公立の保育所が占める割合は5.2％（2203か所）で非常に低く，私立保育所（家庭保育含む）が占める割合が87.9％（4万61か所）である。保育所を利用している子どもは，2000年に68.6万人だったが，2012年に148.7万となり，2倍以上増加したが，その中で私立保育所の利用者は114万人である。私立保育所の増加は，共働き等の影響により入所待機児童が社会問題となり，1998年幼乳児保育法の改正により，保育所の設置基準が認可制から申告制になるなど設置基準が緩和された。

　子ども家族福祉支出に関して，2009年のOECD諸国の中で韓国が0.8％で平均支出は219.0ドルであるが，OECD諸国の平均は817.1ドルであった。児童政策予算（保育所を除く）の推移をみると，2007年695億ウォンだったが，2012年

図表3-6　児童手当（月額）

（単位：ウォン）

	0歳	1歳	2歳	3～5歳
保育所・幼稚園を利用するケース	34.7万	28.6万	28.6万	22万
保育所・幼稚園を利用しないケース	20.0万	15.0万	10.0万	10.0万

筆者作成

に2084億ウォン，2013年に2兆5982億ウォンとなり，増加の傾向がある。児童手当は，2012年に1026億ウォン，2013年に8810億ウォンとなり，1年の間に8倍以上増加した。児童手当は，次の図表のとおり，保育所・幼稚園を利用する児童よりも，保育所・幼稚園を利用しない児童の児童手当が低く，年齢が高くなるほど手当が低くなる（図表3-6）。

2009年12月改正により，国立・公立施設の利用の優先順位は，3人以上の子どもがいる家庭および多文化家庭（親のどちらかが外国人）の子どもとなった。

仕事と子育てを両立する政策として，育児休職給与の定率制，勤務時間短縮，配偶者出産休暇，小学校見守り教室，放課後見守りサービス等を実施している。

低出産対策として，2005年から「低出産・高齢社会基本法」を実施しており，2012年度からは既存の施策を補完して次のように発表した。第1に，放課後見守りサービスであり，小学生を対象に無償で提供する案を提示した。第2に，妊娠と育児のための勤務時間の改善であり，勤務時間の短縮と配偶者の育児休暇の導入である。2001年の母性保護3法（勤労基準法，男女雇用平等法，雇用保険法）の改正により，出産休暇制度および育児休暇制度が無給から有給・無給となった。主な内容は，有給休暇が60日，無給休暇が30日となり，育児休暇は無給から一部有給休暇となった。男性の育児参加を奨励するために，配偶者出産休暇制度が2007年に実施され，無給休暇が3日となり，2012年の改正により無給休暇が2日，有給休暇が3日となった。第3に，女性の妊娠・出産の権利保障であり，妊婦と新生児の健康増進のための医療費用の軽減などである。

児童虐待に関する特例法は，2013年12月に国会で承認された。児童虐待ケースは毎年増加の傾向であり，2012年児童専門保護機関（47か所）に児童虐待相

談件数は，1万0943件であった。その中で児童虐待の疑いがあるケースは8979件で，保護されたケースは6050人だったが，虐待による死亡ケースが10件あり，児童虐待防止のための早期発見，教育強化等の対策が必要である。

3　医療保障の現状

　公的医療保険には，すべての国民が強制加入することとされ，保険料を納付する義務がある。医療機関の窓口で保険証を提示することで，一定割合の自己負担で医療サービスを受けることができる。社会全体でリスクを分担することで，医療サービスの自己負担金が軽減され，医療を受ける機会が平等に保障される仕組みである。

医療保険制度の展開過程　国民医療保険制度は，1963年12月に任意保険として制定されたが，国内の社会経済的状況により実施が遅れ，1976年の医療保険法改正により，1977年に従業員500人以上の事業所を対象に職場医療保険法として実施された。国民所得の向上などにより，1981年には従業員100人以上の事業所を対象とし，1988年には農漁村の地域住民を対象に実施された。1989年には，都市部の自営業者を対象にすることによって「国民皆保険」が実施された。その背後には，1987年の大統領選挙があり，政治的な目標達成のための手段として必要であったのである。

　地域医療保険は，1990年代に医療保険組合間の財政力の格差，農漁村民の保険料負担の重さ，サービス範囲の制限に対する不満，国庫補助金の増加などが問題として提起された。金大中大統領候補（国民会議）は，1996年に大統領の公約事業として「医療統合を行い，医療保険に対する国庫支援をなくし，教育と科学技術分野の発展に国庫支援を行う」ことを挙げた。大統領に当選した金大中政権は，1998年に医療保険統合法案の「国民健康保険法案」を国会に提出した。この法案は，1999年2月に臨時国会を通過し，2000年7月に医療保険統合が行われた。しかし，財政統合の前提である全国民共通の保険料賦課体系の開発が困難であったことが原因で，2003年7月に医療保険財政統合が行われた。その内容は，賃金所得者と非賃金所得者の職域と地域の二元的な保険料賦課体

図表3-7　医療保険制度概要

医療保険制度の沿革	1963.12　医療保険法制定 1977. 7　50人以上労働者の事業者を対象に実施（486か所組合） 1979. 1　公務員及び私学教職員の医療保険適用 1981. 1　100人以上労働者の事業所を対象に実施 1988. 1　農漁村を対象に地域医療保険実施 1988. 7　5人以上労働者の事業所を対象に実施 1989. 7　都市部の自営業者を対象に実施―全国民を対象に皆保険実施 1998.11　地域医療保険組合（227か所）と公務員および私立学校教の医療保険公団が統合 　　　　　国民医療保険管理公団が保険者となる 1999. 2　国民健康保険法制定 2000. 7　医療保険公団と地域医療保険組合（139か所）が統合 　　　　　国民医療保険公団が保険者となる 2001. 7　5人未満労働者の事業所の職場加入 2003. 7　職場財政と地域財政の統合（実質的統合） 2004. 7　患者負担限度額導入 2006. 7　外国人の医療保険強制加入，入院食事日の給付化 2011　　 社会保障の保険料徴収の統合（国民健康保険，国民年金，雇用保険，労災保険）	
組　織	保健福祉部 国民健康保険公団 健康保険審査評価院 健康保険政策審議委員会	健康保険制度政策決定，保険料および保険料付加基準決定，保険公団の予算および規定承認 保険料徴収・付加，給付費支給，製薬会社と薬価決定など 給付費と給付費の評価など 給付基準，給付費用，保険料等健康保険の審議・決定。保健福祉長官所属であり，委員長など25人から構成
財　源	保険料　職場加入者 　　　　 地域加入者 国庫負担 国民健康保険増進基金	標準報酬の4.21%を加入者と使用者が折半 世帯年収が500万ウォン未満：30等級（性・年齢＋財産＋自動車＋課税所得）＊172.7ウォン 世帯年収が500万ウォン以上：70等級（所得＋財産＋自動車）＊172.7ウォン 地域加入者の健康保険事業の運営費の35/100 地域保険給付費用の15/100。職場加入者，被扶養者および地域加入者の中で65歳以上の保険給付に対して使用

出所：国民健康保険公団　http://www.nhis.or.kr/portal/site/main/MENU_WBDAB00（2013.6.24）
　　　アジェンダネット　http://www.agendanet.co.kr/zb41pl7/bbs/view.php?id=soc_sub3&no=43（2014.4.3）
　　　をもとに，筆者作成。

系を維持したままである。この二元的な保険料賦課体系のもとで，職域と地域の公平性をいかに確保することが焦点になっている。

医療保険者と被保険者　保健福祉部の長官は，健康保険の監督および最終責任があり，保険者は国民健康保険公団である。保険者の業務内容は，被保険者の記録の管理と維持，保険料の徴収，保険給付，医療施設の運営，健康保険に関する教育訓練および広報等がある。

他方で，国民健康保険審査評価院は，国民健康保険公団とは独立した機関である。業務内容は，保険給付の費用の審査，保険給付の適正性の評価，審査基準および評価基準の開発，調査研究および国際協力等がある。

被保険者には，①職場加入者（職場労働者，公務員・教職員）と，②地域加入者（農漁村・自営者）があり，強制加入となっている。職場加入者の被扶養者は，被保険者の稼得で生計を共にする者である。すなわち，配偶者と19歳未満の所得がない子ども，直系尊属（本人と配偶者の親と祖父母），直系卑属（自分自身と配偶者より目下の子ども，孫），きょうだい（所得がない）からなる。国内に居住する外国人は，3か月以上の滞在者とその被扶養者が対象となるが，被扶養者は，配偶者と20歳未満の未婚の子どもからなる。

医療保険財政の構成　（1）保険財政構成，保険料率と保険料算定
国民医療保険事業の財政は，保険料（税），国庫負担金（補助金），被保険者の一部自己負担金などからなり，財源の大半は，保険料で賄っている。国庫負担金は，当該年度の保険料の見込収入額の100分の14である。医療保険財政は，2011年で保険料が44.7％，本人負担が32.4％，国庫補助が13.5％，民間保険の5.2％の順である。

医療保険は，職場加入者と地域加入者からなる。医療保険料の算定基準に関して，職場加入者は労働者と事業者が折半するが，公務員は国と被保険者が折半し，私学の教職員は教職員が50％，学校経営者が30％，国または自治体が20％を負担する仕組みになっている。

保険料の算定基準に関して，①職場加入者は，標準報酬月額に保険料率を掛けて算定する。平均保険料率は，本人負担分が1986年で3.57％，1995年で3.03％，1997年で3.13％，1998年で3.27％，1999年で3.75％であった。職場加入者と公

図表 3-8　被保険者に対する医療保険給付の推移

年	内容
1997年	・骨髄移植給与対象年齢引上げ（40歳→50歳）
2001	・訪問看護実施2004
2004	・検診の本人負担額の上限実施（上限は，6か月間300万ウォン以上は償還）
2005	・MRI給付
	・自然出産本人負担率免除
	・精神疾患外来本人負担率軽減（30～50％→20％）
	・未熟児給付（本人負担免除）
	・骨粗鬆症治療剤の給付期間の延長（90日→180日）
	・癌など本人負担率の引下げ（20％→10％）
2006	・6歳未満の入院の本人負担免除
	・臓器移植手術の給付（心疾患，心臓，肺，膵臓）
	・特定癌検診本人負担軽減（胃癌，乳房癌，大腸癌，肝臓癌50％→20％，子宮頸部癌免除）
2006	・重度疾患（心臓，脳疾患）PET（陽電子断層撮映）健保適用
	・食代給与転換適用（本人負担率20％）
	・療養機関以外機関での出産給付費引上げ（7万ウォン→25万ウォン）
2007	・6歳未満児童の外来診療負担軽減など本人負担制度変更
	・本人負担額上限では引下げ（6か月300万ウォン→200万ウォン）
2008	・6歳未満児童の入院の本人負担引上げ0％→10％（新生児は本人負担免除）
	・入院患者の食事費用の負担率引上げ20％→50％
	・葬祭費給付廃止（現行第25条削除）
	・妊娠中検診バウチャー制度導入実施（20万ウォン支援）
2009	・所得に応じた本人負担の上限実施
	・難病患者（138疾患）の入院と外来の本人負担軽減（20％→10％で）
	・総合専門病院外来本人負担率引上げ（50％→60％）
	・漢方医院の物理治療保険給与適用
	・癌患者の入院・外来本人負担軽減（10％→5％）
2010	・心臓疾患・脳血管疾患の本人負担軽減（10％→5％）
	・結核の本人負担軽減（10％）
	・妊娠出産診療費支援金拡大（20万ウォン→30万ウォン）
	・MRI保険給与拡大（脊椎，関節）
	・抗癌剤の給付
	・難病治療剤の給付
2011	・妊娠出産診療費給付引上げ（：30万ウォン→40万ウォン）
	・小児癌放射線治療の給付
	・肺癌および脊椎腫瘍放射線手術の給付

筆者作成

務員・私学教職員の保険料は，2001年に統合され3.4％となったが，2011年で5.64％，2013年で5.89％と若干増加した。

②地域加入者の保険料は，賦課標準所得点数（世帯単位で合算した点数）に一定額をかけて算出する。賦課標準所得点数とは，世帯の資産状況（自動車所有も含む）を勘案して，毎年，保険者が世帯ごとに認定する。世帯所得の点数は，年収が500万ウォン以上と500万ウォン未満に区別しており，保険料の範囲は，年収が500万ウォン以上は70等級，500万ウォン未満は30等級からなる。

（2）被保険者の一部負担金と保険給付の種類の変遷

医療給付は，医療保険機関の病院や診療所などに被保険者証を提出して受けることになるが，当該医療機関に自己負担が必要である。自己負担は，入院費用が全国一律で2割であるが，外来の自己負担は，病院の種類と地域によって差があり，病院の規模が大きいほど，大都市であるほど自己負担が高くなる。すなわち，自己負担は，上級総合病院が6割，洞区域の総合病院が5割（その他の地域では4.5割），洞区域の一般病院が4割（その他の地域が3.5割），すべての診療所と保健所が3割である。医薬品の自己負担は，全国一律で3割である。

つまり，医療保険制度は，保険料とサービス給付の「低負担・低給付」が基本であり，①保険適用診療に対する患者の自己負担の割合が相対的に高いこと，②保険サービスが適用されない混合診療が許容されている。混合診療とは，健康保険に適用される治療と，適用されない自由診療の両方を，合わせて行う診療方法である。そのため，国民の民間保険会社の加入率が非常に高く，国民医療費に占める私的医療費の割合は，OECD（2007）によると，2004年に47.4％であり，日本の18.3％をはるかに上回っている。

他方で近年，被保険者の保険給付の種類が少しずつ拡大する傾向がある。特に，2006年で6歳未満児の一部負担金免除，2009年で138種類の難病の自己負担が軽減され，2011年には小児癌の放射線治療が給付の対象となった。

（3）健康保険事業の現状（被保険者および保険財政の状況）

図表3-9のとおり，被保険者数は，2010年で4890万人となり，10年の間に約300万人が増加し，職場加入者の被扶養者も，2011年で1986万人に増加した。職場加入者の被扶養者の増加は，被保険者の配偶者のみならず収入が低い同・

図表3-9　健康保険の被保険者と被扶養者数

年　度	2000	2005	2010	2011
総　数	45,895,749	47,392,052	48,906,795	49,299,165
職場加入者	22,403,872	27,233,298	32,383,526	33,256,574
被扶養者	15,135,900	17,487,701	19,619,797	19,859,861
地域加入者	23,491,877	20,158,754	16,523,269	16,042,591
世帯	8,215,282	8,384,173	7,940,227	7,887,563
医療給付対象	1,570,009	1,761,565	1,674,396	1,609,481
職場加入者：地域加入者	48.8：51.2	57.5：42.5	66.2：33.8	67.5：32.5

出所：国民健康保険公団『2011国民健康保険統計年報』2012

別居の親と義理親，きょうだいが被扶養者になっていることと関連がある。職場加入者と地域加入者の割合は，2011年で67.5対32.5となり，職場加入の被保険者の割合が増加している。それは，地域加入者の従業員5人未満の事業所などが職場加入者になった結果である。

医療保険の財政に関して，保険料が2011年で3292億ウォンとなり，16年の間に9倍に増加した。1人当たり保険料も，2011年で40.4万ウォンと増加した。国庫負担金も2011年で503億ウォンとなった。保険給付費は，2011年で3583.3億ウォンと増加した。1人当たり保険給付費も増加し，2011年で72.9万ウォンとなった（図表3-10）。すなわち，保険料と保険給付費が共に増加しているが，保険料の増加が保険給付費よりも高い割合で増加していることが読み取れる。保険給付費の増加は，①保険給付の種類の拡大，②保険者の被扶養者の持続的増加，③高齢者の平均寿命の延長による医療機関の利用の頻度が高いこと等が挙げられる。

他方で，韓国の医療給付費がGDPに占める割合は，1995年で3.8から2009年で6.9（OECD平均9.6）と増加したが，OECD諸国（41か国）の中で35位である。

平均医療機関利用日数について，1人当たり入院日数が2011年で2.21日となり，外来日数も2011年で16.62日となった。薬局の1人当たり利用日数も，2011年で9.64日と増加した。1人当たりの医療機関利用日数は，外来利用日数が最も長く，次に薬局，入院日数の順になっている。薬局利用日数が外来利用

図表3-10　保険料と保険給付費の推移（1995〜2011年）

	1995	2000	2002	2004	2005
保険料（100万ウォン）	3,600,700	7,228,817	10,927,688	15,614,223	16,927,714
国庫補助金（100万ウォン）	755,319	1,552,746	3,013,934	3,482,965	3,694,802
総額（保険料＋国庫補助金）	4,356,019	8,781,563	13,941,622	19,097,188	20,622,516
保険給付費（100万ウォン）	4,067,617	9,285,605	13,823,665	16,265,350	18,393,587
1人当たり年保険額（ウォン）	56,340	112,428	161,100	215,820	229,248
1人当たり保険給付費（ウォン）	93,077	202,144	297,261	344,151	388,017

	2006	2007	2009	2010	2011
保険料（100万ウォン）	18,810,579	21,728,700	26,166,081	28,457,726	32,922,110
国庫補助金（100万ウォン）	3,836,190	3,671,794	4,682,831	4,861,447	5,036,198
総額（保険料＋国庫補助金）	22,646,769	25,400,494	30,848,912	33,319,173	37,958,308
保険給付費（100万ウォン）	21,587,980	24,560,092	30,040,871	33,749,303	35,830,249
1人当たり年保険額（ウォン）	250,212	284,277	331,441	357,185	404,039
1人当たり保険給付費（ウォン）	455,360	515,096	620,467	692,159	729,262

出所：国民健康保険公団『国民健康保険統計』各年度

図表3-11　1人当たり平均医療機関利用日数と薬局利用日数の推移

	2000	2002	2003	2005	2007	2009	2010	2011
医療機関	11.63	13.94	14.68	15.32	16.58	17.98	18.57	18.82
入院	0.88	0.97	1.09	1.9	1.57	1.91	2.12	2.21
外来	10.76	12.97	13.58	14.13	15.01	16.07	16.44	16.62
薬　局	3.76	8.32	8.10	8.43	8.83	9.41	9.54	9.64

出所：国民健康保険公団『国民健康保険統計』各年度

日数よりも短いのは，全額自己負担で薬局を利用している者が多いことと関連がある（図表3-11）。

　医療機関は，1995年で5万3510か所，2011年で8万2983か所と増加した。医療機関種別では，病院の増加率が最も高く，次に医院，漢方病院，歯科医院の順である。他方で，助産院は減少する傾向がある（図表3-12）。

図表3-12 医療施設（病院・診療所）種別医療施設数の推移

年度	合計	上級総合病院	綜合病院	病院	医院	歯科病院	歯科議院	漢方病院	漢方医院	保健機関	助産院	薬局
1995	53,510	39	227	460	14,472	14	8,327	69	5,716	3,588	183	20,415
2000	61,776	43	245	681	19,688	60	10,592	141	7,243	3,427	126	19,530
2005	72,921	42	249	1,112	25,166	124	12,548	149	9,761	3,422	52	20,296
2010	81,681	44	274	2,182	27,469	191	14,681	168	12,061	3,469	46	21,096
2011	82,983	44	275	2,369	27,851	199	15,059	184	12,405	3,468	40	21,089

出所：国民健康保険公団『国民健康保険統計』各年度

4 年金保障の現状

　国民年金制度は，被保険者の高齢，疾病又は死亡に対する年金給付を実施することにより国民の生活安定と福祉増進に寄与することを目的（国民年金法第1条）にしている。

公的年金の種類，展開過程，被保険者と保険料，受給資格　韓国の公的年金保険には，国民年金と特殊職域年金があり，特殊職域年金には公務員年金，軍人年金，私立学校教職員年金がある。国民年金は，物価スライド制を導入しており，修正積立方式（funded system）であるが賦課方式に近く，特殊職域年金は賦課方式（pay-as-you-go）である。積立方式とは，加入員の加入期間中に将来の年金給付に要する費用を積み立てていき，将来に受け取るという方式であり，高齢者と現役世代との葛藤が生じにくいという長所がある一方，インフレには対応しがたいことや金利変動の影響を受けるという短所がある。賦課方式とは，現役世代が年金受給者のために保険料を納入する，年金給付の支払いの費用を現役世代の加入員からの掛金で賄う方式であり，現役世代と年金受給者との葛藤が生じやすいという短所がある。一方で，インフレがあっても年金額の価値を維持できる等の長所がある。

　特殊職域年金について，1960年に実施された公務員年金が最初の公的年金であり，1963年に軍人年金，1975年に私立学校教職員年金が実施された。国民年金は，1973年に制定されたが，1986年の改正により1988年から実施された。

公的年金制度の実施が遅れたのは，①先経済成長・後分配という政策のもとで国の社会保障の負担を最大限減らし，経済・開発の効率性を追求してきたこと，②子どもが老親を経済的に扶養しなければならないという伝統的な意識が根強くあることと関連がある。

国民年金の対象者は，1988年で10人以上の事業所が対象となったが，1992年で5人以上の事業所，1995年で農漁村地域の住民にまで拡大され，1999年で都市部の自営業者も対象となり，これにより国民皆年金が実施された。

国民年金の被保険者は，国内に居住している18歳以上60歳未満の者であり，事業所の労働者，自営業者，無職の者が対象になるが，特殊職域年金加入者，生活保護者と障害年金受給者は対象外である。特殊職域年金の被保険者は，軍人年金が軍人，公務員年金が公務員（国立学校教職員と別定職郵便局職員含む），私立学校教職員年金が私立学校教職員になる。被保険者の被扶養者は，配偶者（いわゆる専業主婦），子ども（18歳未満または障害2級以上），父母（60歳以上または障害2級以上）である。ただし，被扶養者が国民年金の受給者の場合は，被扶養者から除外される。

保険料に関して，会社員の保険料は，報酬の9％を被保険者と雇用主がそれぞれ半分を負担している。国民年金の保険料は，2000年6月までで3％，その後毎年1％ずつ増加し，2005年8月から9％となり，保険料は全額自己負担であり，収入によって異なる仕組みである。農漁村民の保険料は，被保険者と国庫負担で賄っており，国庫負担は最低報酬の1/3から2012年で1/2に上昇した。特殊職域保険加入者について，公務員と軍人はそれぞれ報酬の17％を被保険者と国が折半して負担している。私立学校教員は，被保険者が8.5％，雇用主が5％，国が3.5％をそれぞれ負担するが，私立学校職員は，報酬の17％を被保険者と雇用主がそれぞれ半分を負担している。

公的年金の受給資格は，国民年金と特殊職域年金によって異なる。国民年金は10年以上の保険料を納付する必要があり，20年以上の保険料納付者は年金が満額となるが，保険料の納入年数と保険料額によって給付額が異なる。特殊職域年金の公務員年金と私立学校教職員年金は，20年以上保険料の納付が必要である。

図表3-13　公的年金制度の概要

区分 (実施年度)	被保険者	保険料率	受給開始	所得代替率	財源方式	基金管理
国民年金 (1988)	1988年10人以上事業所，1995年農漁村民，1999年都市自営業者	9％(職域：労使折半 地域：全額自己負担 農漁村：国が最低報酬の半分)	20年(10年以上納付)	2008年50％ →2028年40％ (40年納付)	修正積立方式	国民年金管理公団
公務員年金 (1960)	公務員，別定郵便局職員，国立学校教職員	17％(本人と国が折半)	20年	76％(33年納付)	賦課方式	公務員年金公団
軍人年金 (1963)	軍人	17％(本人と国が折半)	20年	50％(20年納付) 76％(33年納付)	賦課方式	国防部
私学年金 (1975)	私立学校教員・職員	17％(教員：本人8.5％，法人5％，国3.5％；職員：本人と法人が折半)	20年	76％(33年納付)	賦課方式	私学教職員年金公団

筆者作成

年金受給開始年齢に関しては，1969年に生まれた者は65歳，65年～68年に生まれた者は64歳，1953～56年に生まれた者は61歳からである。特殊職域年金の給付開始に関して，20年以上の納付者は，退職と同時に年金受給が可能であったが，1996年に新規採用者の年金給付の開始年齢は60歳となった。

国民年金の給付額は，1998年で報酬の70％，1999～2007年で報酬の60％，2008～2027年で報酬の50％，2028年以降から報酬の40％と減少する予定である。特殊職域年金の公務員年金と私立学校教職員年金給付額は，それぞれ33年保険料納入者が報酬の76％，軍人年金の20年納入者が報酬の50％である。公的年金は，所得が高いほど年金額が高い。ただし，低所得者は，所得再分配効果を考慮し，所得が低いほど保険料納付額よりも年金給付額が高い。

国民年金は，夫婦年金分割制を導入し，夫婦が離婚した場合に，婚姻期間中に受給権が確定した年金を離婚した妻に分割する仕組みである（図表3-13）。

公的年金の収入と給付の現状　公的年金の基金は，2012年で391兆9680億ウォン，給付額が82兆5280億ウォンに上昇した。総生産（GDP）に対して国民年金の給付費が占める割合は，2012年に0.91％であり，GDPに占める国民

年金の給付額の割合が非常に低いのである。

　国民年金加入者は，2012年2000万人で88％であるが，保険料の納入者が加入者に占める割合は61％であり，10人中4人が保険料の未納者である。地域加入者の納付率は67％であり，10人中3.3人が未納者である。地域加入者の未納者の割合が高いのは，まず，新聞，テレビ，雑誌などでは，「年金崩壊」「あなたの年金が危ない」「老後に年金がもらえない」等，年金の将来に対する不安をあおり，年金制度に対する不信感を高めている。これは，日本のマスコミ，雑誌等で報道されている年金不安に関する内容を韓国の状況にそのまま適応しているが，日韓は，年金受給実施年度が異なっていることを認識する必要がある。次に，自営業，非正規職，失業者などは，保険料が高負担のため保険料を払わないのではなく，払えないという事情がある。最後に，国民年金の受給が2008年からであり，国民が年金制度に対する正しい知識や情報を持たないこともあり，正確な年金知識を得るための教育が必要である。

　公的年金の加入者に占める受給者は，2012年で公務員年金受給者が33％で最も高く，次に国民年金が17％，私学共済年金が14％の順であり，公務員年金と国民年金の受給者の人数のみならず受給者の割合も上昇の傾向にある（**図表3-14**）。

　国民年金の20年間納付者の老齢年金の平均給付額は，2012年で約82万ウォンであった。被扶養者の保険受給額は，配偶者が年間24万ウォン，子どもと父母がそれぞれ1人当たり年間16万ウォンである。

その他の年金

（1）基礎老齢年金制度

　a）支給対象：経済的に困難な70歳以上が対象であり，1991年に老齢手当が支給され，1999年から全国民の最低生活を保障する国民基礎生活保障制度が実施された。2008年に国民基礎老齢年金制度が実施され，受給者は，資産調査の審査が必要である。導入の目的は，国民年金制度が1988年に実施されたが，国民年金の給付の対象外となった高齢者の中で，所得が低い階層を経済的に救済することである。

　基礎老齢年金受給者は，**図表3-15**のとおり，2008年に約290万人だったが，2012年には約393万と増加した。基礎老齢年金受給者が高齢者人口に占める割

図表 3-14 公的年金の加入者、受給率、GDP対比給付額

(単位：千人、%、100万ウォン)

年度	18歳以上就業者 (A)	公的年金加入者 (B)	B/A (%)	国民年金 加入者	国民年金 納付/加入	国民年金 給付/加入	公務員年金 加入者	公務員年金 給付/加入	私学年金 加入者	私学年金 給付/加入	軍人年金 給付者	軍人年金 収入	社会給付額/GDP
1988	16,728	5,341	31.9	4,433		0.1	767	2.4	141	0.6			
1999	20,246	17,383	85.9	16,262		7.7	914	14.1	208	5.1	53,534	1,001,707	
2001	21,542	17,407	80.8	16,278	52.5	5.9	913	17.6	216	6.8	57,380	1,193,247	0.24
2005	22,832	18,347	80.4	17,124	52.6	10.3	986	22.1	237	9.4	64,557	1,665,777	0.41
2010	23,829	20,548	86.2	19,229	57.1	15.5	1,052	29.6	267	14.0	75,677	2,206,821	0.74
2012	24,682	21,705	87.9	20,329	61.4	17.3	1,064	32.8	312	13.5	80,262	2,545,008	0.91

注：2012年で軍人年金の受給額は、2,473,556百万ウォンであり、110万ウォン未満6,259,200万人、320万ウォン未満が33,171人、320万ウォン以上が7,667人である。
出所：国民年金公団「2012 国民年金統計年報」、国防部「2012 軍人年金主要統計図表」をもとに、筆者作成。

図表 3-15 基礎老齢年金受給者の推移

	基礎老齢年金 (B)	B/高齢人口 (%)	国民年金/B (%)
2008	2,897,649	57.2	13.9
2009	3,630,147	68.9	19.8
2010	3,727,940	67.7	22.1
2011	3,818,186	67.0	24.0
2012	3,933,095	65.8	26.0

出所：国民年金公団「2012 国民年金生資料」

合は，2008年に57.2％，2009年で68.9％まで上昇し，2012年で65.8％となった。

　基礎生活保障給付は，現在の7種類の一括給付が2014年10月から個別給付に転換されるので，基礎生活保障給付の対象者が83万世帯から100万世帯と増加する予定である。

　b）基礎老齢年金の給付額と財源：基礎老齢年金の給付額について，2012年には独居高齢者が月7.8万ウォン，夫婦のみ世帯が12.4万ウォンである。基礎老齢年金の所得代替率は，2008年に5％だったが，2028年に10％となると予測されている。

　基礎老齢年金の財源は，国庫負担と地方自治体の負担からなっており，国庫負担は40～90％であり，自治体の高齢者人口比率と財政状況を考慮して負担するようになっている。

（2）基礎年金

　基礎年金は，朴槿恵政権の大統領の選挙公約として実施した年金制度であり，2014年7月から支給される。受給対象者は，65歳以上の中で国民年金の受給額が月30万ウォン未満であり，その中で所得と財産は，一人暮らしが月87万ウォン未満，夫婦のみ世帯が月139万2000ウォン未満の高齢者である。基礎年金額は，月20万ウォンであるが，所得と財産の合計額により引き下げる。基礎年金の受給者と受給額は，2014年7月に406万人が約20万円，41万人が20万ウォン未満となり，受給額が少ないことが問題となっている。

（3）遺族年金

　遺族年金の対象者は，国民年金の被保険者の死亡により被保険者と生計を共にする者である。遺族年金の優先順位は，被保険者の配偶者，19歳未満の子どもまたは2級以上の障害の子ども，60歳以上の親（配偶者の親を含む），または2級以上の障害の親，19歳未満の孫または障害のある孫，60歳以上の祖父母である。ただし，遺族年金の受給年齢は次第に高くなり，1969年以降生まれの被保険者は，65歳から受給者になる。

　遺族年金の給付額は，加入期間に応じて異なり，加入期間が①10年未満が最も低く（基本年金額の40％＋扶養家族年金額），②20年以上（基本年金額の60％＋扶養家族年金額），②20年未満（基本年金額の50％＋扶養家族根金額）の順である。遺

族年金の平均給付額は，2012年で24万ウォンであった。

5　今後の社会保障制度の課題

　韓国では少子高齢化が急速に進行する中で，認知症の高齢者も含めた要介護高齢者も増加している。他方で，家族機能は低下し，老親への経済的扶養と介護が困難な状況になってきている。公的年金制度が1998年に実施され，年金受給が2008年度から始まったが，年金受給資格がない高齢者が4割もあり，依然として，家族を含めた自己責任，つまり自助に重きを置く構造になっている。社会保障制度を整備しているが，若年世代と高齢世代の格差をなくす必要があり，社会保障制度を充実させるためにはいくつかの課題がある。

　介護保険制度　第1に，介護保険の財政を充実させるためには，介護サービス対象者の範囲を拡大する必要がある。現在被保険者は国民健康保険の加入者になっているが，介護サービスの対象者は原則的に65歳以上になっており，今後介護保険料が上昇すると，介護サービスの対象から除外されている被保険者の保険料の未納が懸念されるのである。

　第2に，介護サービスの質の向上に着目する必要がある。介護事業所の設立は申告制である。そのために，小規模事業所は零細企業であり，介護の質が低いのが現状である。その結果，ソウル市の区立事業所ごとに，入所待機者が何百人もいるが，民間事業所には空き部屋が多いのが現状である。小規模事業所が介護の質の向上に努めることにより，要介護高齢者のサービスニーズを満たすことが可能であり，事業所の経営も維持が可能となるのである。

　第3に，ケアマネジメントを積極的に実施する必要がある。モデルケアプランは，一方的な通知である。そのため，要介護高齢者と家族がモデルケアプランを無視し，サービス事業者と契約を結びサービスを利用している。その結果，サービス種類は単品に偏り，長期的には要介護高齢者の心身の状況の改善や家族介護者の介護負担を軽減することが困難であるのが現状である。

　医療保障制度　第1に，医療保険の財政を維持する必要がある。そのためには，高齢者の健康維持の増進政策や医療機関の過剰診療

など財政悪化の原因分析を実施し，根本的な問題解決に努める必要がある。医療の質を確保しながら長期的に医療コストを削減できる改革，すなわち，体系的な健康管理と疾病予防に取り組むような予防医学的な対策が必要である。

第2に，医療保険統合による保険組合間の格差がなくなったが，職場加入者と地域加入者の保険料の徴収における格差の是正が必要である。自営業者は所得から必要な経費を除いた所得を基準に保険料を算出しているが，職場加入者は，税金を含めた給料から算出している。

第3に，サービス利用者の自己負担の調整と保険給付範囲の拡大が必要である。OECD諸国の中でも，韓国は被保険者の医療サービス利用の自己負担が非常に高く，保険給付範囲が狭い。韓国人のほとんどは民間保険会社に加入しているのが現状である。そのような状況を考慮すると，国のGDPに占める割合の拡大，被保険者に対する適切な保険料の徴収とサービス給付範囲の拡大が必要である。

年金保障制度

第1に，国民年金非受給者の高齢者に対して救済対策が必要である。1988年公的年金が実施される時の年齢制限により，国民年金の非加入者で65歳以上の占める割合が約40％である。国民年金の受給者の中で，受給期間が短い者の受給額が非常に少ないのが現状である。成人子に経済的に依存することが困難な高齢者が地域社会で生活できる仕組みが必要である。

第2に，地域加入者が加入している年金財政の安定化と老後の経済的保障のために，テレビ，新聞，雑誌等の国民年金制度に関する正確な報道と学校教育が必要である。保険料を20年納入した者に対して2008年から国民年金が受給されているが，自営業と非正規職は，将来年金受給が困難であるという不安から保険料の未納者が多い。新聞，テレビ，雑誌等では，日韓の年金受給時期が異なっていることを認識せず，日本で報道されている年金の将来に対する不安をそのまま韓国の状況に適応して報道する傾向があり，年金制度に対する不信感を高めている。教育機関と保険者が国民年金制度の重要性について徹底的に教育をすることにより，年金制度への不安や不信を解消することが可能であり，保険料未納が低くなると考えられる。

第3に，特殊職域年金は，地域加入年金よりも低負担高受給であり，特殊職域年金と地域加入年金の公平性の観点からも是正が必要である。公務員年金の受給額は，100人以上地域加入者の受給額よりも209〜219％高いという分析もあり，職域間の格差が非常に大きい。他方で，公務員年金と軍人年金の財政は，既に赤字となっており，私学共済年金は，2019年になると支出が収入よりも大きくなることが予想されている。現在の改正では，選挙における人気取りで，所得代替率の減額のみが示されているが，高額受給者に対する受給額の是正が必要である。

【参考文献】

新井直樹（2013）「韓国・済州特別自治道の国際観光戦略」『都市政策研究』
金　貞任（2008）「韓国の介護保障」増田雅暢編『世界の介護保障』法律文化社
金　貞任（2009）「韓国の介護保険制度」『海外社会保障研究』第167号,国立社会保障・人口問題研究所
金　領佑（2001）「韓国における公的年金制度の動向」『海外社会保障研究』No.137, 86-94頁
増田雅暢（2007）「韓国における介護保険制度の創設」1・2・3回『月間福祉』
韓国保健社会研究院（2011）『健康保険料の負担の公正性の提案の法案』研究報告書
韓国経済研究院（2013）『政策リスクの争点と評価Ⅲ——福祉政策』
基礎老齢年金課（各年）『基礎老齢年金統計年報』
金ミスク（2013）『児童家族福祉支出の現状と政策課題』韓国保健社会研究院
雇用労働部（2010）『2009年障害者義務雇用現況』
国民健康保険公団（2012）『2011年国民健康保険主要統計』
国民健康保険公団『国民健康保険統計年報』各年度
国民年金公団『国民年金統計年報』各年度
国　防　部『軍人年金統計年報』各年度
私立学校教職員年金公団（2013）『私立学校教職員年金制度』 http://www.ktpf.or.kr
統　計　庁（2011）『2010年経済活動人口年報』
統　計　庁『人口住宅総調査報告書』各年度
統　計　庁『将来人口推計』各年度
保健福祉部（1997）『保健福祉統計年報』
保健福祉部（2006）『国民年金改革方案』
保健福祉部（2011）『第4次障害者政策総合計画　2013-2017年』

保健福祉部（2013）『公的年金連携制度』
保健福祉部（2013）『障害者活動支援事業案内』
保健福祉部・韓国保健社会研究院（2010）『2009年韓国社会福祉支出推計とOECD諸国の障害者所得体型の比較研究』
保健福祉部・韓国保健社会研究院（2011）『障害者年金施行成果と改善法案に関する研究』
李　ゼヒ（2007）『国民年金の部分民営化方案に関する研究』韓国経済研究院
李ジュンウ・金キュハン・インスジョン『障害者雇用と福祉政策の連携方案の研究』韓国障害者雇用公団　雇用開発院
李スンキ（2012）「障害者福祉政策の変化によるサービス課題」National Rehabilitation Center
李プルウ（2010）『韓国財政史の形態的探究（1945～2007)』図書出版ヘナム
柳キンチュンほか（2003）『国民医療費変動要因分析と費用効果性の提示方案』韓国保健社会研究院

1) 社会保障の社会保険とは，人生の様々なリスクに備えて，リスクに遭遇した人々を救済することであり，所得の高低によって保険料を負担する応能負担であり，強制加入である。公的扶助とは，貧困者に最低限の生活が保障できるようにする経済的援助のことである。生活保障基本法の公的扶助は，1995年12月の改正で公共扶助と変更され，1999年9月の国民基礎生活保障法の制定で「基礎生活保障」と変更された。社会福祉サービスとは，国家，自治体および民間部分の支援を必要とするすべての国民に相談，自活，職業紹介と指導，社会福祉施設利用などの提供により正常的な社会生活ができるように支援する制度である。関連福祉制度として，保険，住居，教育，雇用などがある。

第4章　台　湾

小島克久

1　台湾の概要

位置　台湾は，中国大陸の東南海岸の先，日本の与那国島の西に位置し，台湾本島と澎湖諸島などの周辺の島々から構成され，面積は約3万6千kmである（九州と同じくらいの広さ）。台湾本島の中部には北回帰線が通るが，3000m級の高い山も多い。そのため，台湾の自然環境は，森林地帯，沿岸の平野，珊瑚礁などがあり，多様である。

人口　この九州と同じくらいの広さの地域に約2300万人の人々が住んでいる（九州は約1320万人，2011年）。台湾の人口は1960年には約1085万人であったが，その後増加し1990年に約2040万人，2010年に約2316万人となっている。人口動態の指標をみると，まず，出生力の指標である合計特殊出生率は，1960年，1970年は4を大幅に超える水準にあったが，その後は急速に低下し，2010年では0.90となっている（2012年は1.27）。また平均寿命は1960年の60歳台から大幅に伸び，2010年で女性が82.55歳，男性が76.13歳と，わが国と大きな差がない水準にまで達している。このように，台湾では出生力の低下と長寿化が進んでいる。

このような出生力と寿命の変化は人口の年齢構造に影響を与える。台湾の人口の年齢構造をみると，1980年までは15歳未満の者が30％を超えていたが，2010年には15.7％へと低下している。一方で，65歳以上の者の割合（高齢化率）は，1960年は2.5％であったが，1990年は6.2％となり，2010年は10.7％となっている。このような少子・高齢化の傾向は今後も進むことが見通されている。特に高齢

図表 4-1　台湾の人口と経済

		1960年	1970年	1980年	1990年	2000年	2010年	2035年	2060年
人口(千人)		10,851	14,754	17,866	20,401	22,277	23,162	23,269	18,918
年齢構造	15歳未満(％)	45.4％	39.7％	32.1％	27.1％	21.1％	15.7％	11.7％	9.8％
	15～64歳(％)	52.1％	57.4％	63.6％	66.7％	70.3％	73.6％	61.0％	50.7％
	65歳以上(％)	2.5％	2.9％	4.3％	6.2％	8.6％	10.7％	27.3％	39.4％
合計特殊出生率		5.75	4.00	2.52	1.81	1.68	0.90		
平均寿命	男性	62.31	66.66	69.57	71.33	73.83	76.13		
	女性	66.40	71.56	74.55	76.75	79.56	82.55		
国民経済計算	GDP（億台湾元）	638	2,294	15,199	44,301	101,874	135,521		
	（百万米ドル）	1,753	5,735	42,221	164,747	326,205	428,186		
	1人当たり(台湾元)	5,977	15,730	85,851	218,456	459,212	585,633		
	GDP　（米ドル）	164	393	2,385	8,124	14,704	18,503		

注：2035年以降の人口に関する数値は将来推計値（中位推計）。
出所：人口に関する数値は行政院経済建設委員会（現在は国家発展委員会）「中華民國2012年至2060年人口推計」，GDP，1人当たりGDPは行政院主計総処資料による。

化はわが国以上の速度で進み，2035年の高齢化率は27.3％，2060年のそれは39.4％になると見通されている。つまり，台湾の高齢化の程度は，現在はわが国の半分程度であるが，40～50年後にはわが国と同じくらいの水準になる見通しである（図表 4-1）。

このほかに台湾の人口の特徴の例として，都市への人口集中，外国人が増えていること，「原住民族」（以下，「先住民族」という）と呼ばれる古くから台湾の山間部などに居住している住民がいることなどがある[1]。これらについて2010年のデータをみると，台湾の二大都市である台北市，高雄市の人口はあわせて約543万人であり，人口の4～5人に1人がどちらかの都市に居住している。また，外国人（中国大陸，香港，マカオの者を含む）の人口は約56万2千人（人口の2.4％）であり，10年間で約40％の増加となっている。そして，先住民族の人口は約51万人である（行政院主計総処「人口及住宅普査」，2010年）。

経済状況　台湾は東アジアの中で経済成長が進んだ地域として知られる。高速道路や高速鉄道（台湾新幹線），国際空港や貿易港などのインフラが整い，パソコンや携帯端末などでわが国にも知られた企業も

ある。その台湾のGDPは2010年で約13兆6千億台湾元（約4282億ドル，約45兆2600億円）であり，1人当たりGDPでは約58.6万台湾元（1万8503ドル，約196万円）である。[2] これらをOECD加盟国と比較すると，GDPの総額ではノルウェーと同じくらいであり，1人当たりGDPではチェコや韓国に近い水準にある（**図表4-1**）。産業構造を就業者の構成比からみると，農林水産業等の第1次産業に従事する者の割合は5.0％であり，製造業等の第2次産業は36.2％，サービス業等の第3次産業は58.8％となっている（行政院主計総処「人力資源調査」，2012年平均）。

一方，台湾では失業率の上昇，所得格差の拡大がみられる。失業率は1980年代から1990年代まで低い水準にあった（1980年から1999年の平均で約2.1％）。近年では変動をもちつつ上昇する傾向にあり，2000年から2012年の平均で4.46％，2012年では4.24％となっている（行政院主計総処「人力資源調査」）。また，所得格差の拡大も進んでおり，OECD基準に準じたジニ係数（可処分所得ベース）は，1981年の0.261から2012年の0.276へと上昇している（行政院主計総処「家庭収支調査」）。そして，相対的貧困率は2012年で7.72％であり，1981年の5.14％より上昇している（行政院主計総処「国民幸福指数」）。

| 政治・行政 | 台湾は，かつて「フォルモサ島（美しい島）」と呼ばれ，17世紀のオランダ人による支配，鄭成功氏（中国明時代の軍人，政治家）による統治，17世紀末からは清朝による統治が行われた。日清戦争の結果を受けた下関条約により，1895年から日本の統治下に入った。日本による統治は第2次世界大戦が終わる1945年まで続いた。第2次世界大戦後は，「中華民国」（1912年に中国大陸に成立した当時の中国の政府）が台湾をその一部として統治することとなった。しかし，その後の中国大陸での国共内戦，1949年の「中華人民共和国」の成立により，国民党が支配する「中華民国」（の中央政府）は台湾に移った。また，戒厳令が実施され，国民党以外の政党の活動は認められなかった。

1987年7月に戒厳令が解除され，他の政党も活動が認められるようになり，現在では，総統や立法委員（国会議員）などを選挙で選ぶことができる。例えば，現在の馬英九総統（国民党）は，2008年，2012年の総統選挙で選ばれたが，

2000年と2004年の選挙で選ばれた陳水扁前総統は民進党の所属であった。総統選挙などで勝利するためには，各政党にとって，社会福祉等の住民にとって身近な問題の解決に重点を置くことが重要になっている。

国会に相当する立法機関として立法院があり一院制である。行政機関は，行政院（内閣）に各省庁が所属している（ただし，公務員制度を管理し，公務員の監督・政府の会計検査を行う省庁は，それぞれ考試院，監察院として行政院から独立している）。社会保障を所管する省庁として，衛生福利部（社会福祉，医療行政を所管），労働部（労働行政を所管），国防部（軍人保険）などがある。なお近年省庁再編が行われており，衛生福利部は2013年7月に内政部の社会福祉行政部門と衛生署が合併したものである。労働部も2014年2月に行政院労工委員会から改組されたものである。

台湾の地方自治体として，わが国の都道府県・政令指定都市に相当する組織として，台北市や高雄市などの直轄市のほか，桃園県や金門県などの県，基隆市などの県と同レベルの省轄市がある（以下，「直轄市」および「県市政府」という）。

社会保障制度の沿革と現在の枠組み　台湾の社会保障制度は，1950年代から職業別の総合保険（わが国のかつての船員保険に相当）として整備され始めた。[3]　1950年の労工保険と軍人保険，1958年の公務人員保険[4]がその例である。これらの制度の対象者は，一定規模以上の企業で雇用される者，軍人，公務員（公立学校の教職員を含む）に限られていた。その背景には，政府を直接支える立場の者や，輸出に貢献する企業の労働者の福祉を優先したことが考えられる。そのため，台湾の社会保障の特徴を「軍公教福利」（軍人や公務員などを優先した社会福祉）という言葉で言い表すほどであった。

1970年代から1980年代にかけて，労工保険の対象者の拡大，私立学校の教職員，農民などを対象にした社会保険制度が導入された。また，児童福祉，老人福祉，生活保護などに関する社会福祉の法律も制定された。しかし，社会保険制度が多くなると，その複雑さ，給付の格差などの問題が発生した。1990年代に入り，まず制度が乱立した医療保険制度が整理され，一元化された医療保険制度として「全民健康保険」が1995年に実施された。この制度は全住民を対象としており，これにより皆保険が達成された。年金制度は，「労工保険」や「軍

図表 4-2　台湾の社会保障制度の沿革と現在の枠組み

沿革

1. 第2次世界大戦後～1960年代
   ○職業別「総合保険」の創設
   　1950年　労工保険，軍人保険
   　1958年　公務人員保険　　　など
   　　［対象者が限定，対象者に手厚い給付「軍公教福利」］

2. 1970年代～1980年代
   ○「労工保険」の対象者の拡大
   ○総合保険の対象者でない者が加入する医療保険を創設（例：農民健康保険）
   ○社会福祉の法整備（以下は例）
   　1973年　児童福利法　1980年　社会救助法（生活保護法），老人福利法，心身障害者保護法
   　1989年　少年福利法
   　　［制度が複雑化］

3. 1990年代～現在
   ○医療保険制度の一元化と皆保険
   　1995年「全民健康保険」の実施（労工保険，軍人保険などの総合保険は年金，労災などの給付に限定）
   ○雇用保険の独立（2003年「就業保険」が労工保険から独立）
   ○年金制度の整備
   　2008年「国民年金」の実施（労工保険，軍人保険などとあわせて制度上は皆年金）
   ○介護制度の整備（2008年「我国長期照顧十年計畫」，介護保険の検討）
   　　［分野別のユニバーサルな社会保険制度構築　少子・高齢対策］

現在の枠組み

社会保険
- ○医療保険　全民健康保険
- ○年金保険　労工保険（民間企業等の雇用者），軍人保険（軍人），
  　　　　　　公教人員保険（公務員，学校の教職員），国民年金（自営業者など）
- ○雇用保険　就業保険
- ○労働災害　労工保険など
- ※農民健康保険　障害・出産給付

社会福祉（働き方を含む）
- ○公的扶助　社会救助法
- ○老人福祉　老人福利法，※我國長期照顧十年計畫（＋介護保険が検討中）
- ○児童福祉　児童及少年福利興権益保障法（経済的支援，児童福祉サービス）
  　　　　　　幼兒教育及照顧法（幼児園での就学前教育と保育）
  　（親の働き方）性別平等工作平等法（育児休業など）
- ○障害者福祉　心身障害者権益保障法（一部は※で対応）
- ○特に支援を要する世帯（配偶者が亡くなった世帯など）などへの福祉
- ○原住民族（先住民族）を対象とした福祉

出所：衛生福利部，中央健康保険署，労工保険局などの資料をもとに，筆者作成。

人保険」などからの給付が行われる一方で，これらの制度の対象でない自営業者などを対象とした年金制度創設の議論が1990年代から進められ，2008年から「国民年金」が実施されている。制度が複数あるものの，皆年金が制度上は達成された。2003年には就業保険（雇用保険）が実施され（労工保険から独立），介護保険も検討中である。子育て支援策では，2012年に保育園と幼稚園の一元化（「幼児園」の設置）が実施された。

　このような経緯を経た現在の台湾の社会保障制度には，わが国と同様に社会保険制度と社会福祉（税財源）による制度が存在する。前者は，医療保険（全

民健康保険），年金保険（労工保険，公教人員保険，軍人保険，国民年金）があるほか，労働災害保険（労工保険など）や雇用保険（就業保険）もある。後者は，老人福祉，児童・少年福祉，身体障害者福祉などにおいて，それぞれの法律に基づく福祉サービスが実施されている。公的扶助制度として，社会救助法に基づく制度がある（図表4-2）。

　台湾の社会保障制度からの支出額（社会支出）は2009年度で1兆3160億台湾元（約4兆4000億円）であり，対GDP比で10.5％である。給付形態（現物か現金か）では現物が46.8％であり，給付方式（社会保険か否か）では，社会保険制度からの支出が52.5％となっている。機能別では，高齢が42.7％，保健医療が36.8％を占めている（行政院主計総処「社会支出」）。

2　社会福祉の現状

公 的 扶 助　　台湾の公的扶助制度は「社会救助」という[5]。その目的は，低所得世帯に住む者などに必要な支援を行い，自立を促すことである。対象者（低所得世帯）は，所得が最低生活費を下回り，かつ資産が一定以下の者である（最低生活費や資産の基準は地域により異なる）。このほかに，これらの基準が若干緩やかな中低所得世帯に居住する者も対象になる場合がある。社会救助による支援を希望する者は，直轄市や県市政府に申請し，審査を通過する必要がある。

　社会救助からの給付には生活扶助，医療扶助，住宅扶助，緊急扶助，災害扶助がある。生活扶助は，生活費等の現金給付であり，所得階層別に定額が支給される。また，職業訓練なども行われている。緊急扶助とは，不意の事故や疾病，失業等により急激に生活が困窮した者への支援である。災害扶助とは，災害の被災者に対する支援である（食事の提供，臨時避難所の開設など）。その他に，ホームレスへの支援もこの制度にはある。これらの費用は，中央政府，直轄市や県市政府の予算（税財源）で賄われる（図表4-3）。

　社会救助による支援を受けた低所得世帯は，2012年で14万5613世帯であり，給付額は115.74億台湾元（約387億円）である。世帯数，給付額共に増加傾向に

図表 4-3 「社会救助」（公的扶助）の概要

●目的：低所得世帯，中低所得世帯に住む者等に必要な支援を行い，自立を促すこと

1. 対象者

【低所得世帯】
・世帯員1人当たり世帯所得が最低生活費を下回り，かつ資産が一定以下の水準にある者
【中低所得世帯】
・世帯員1人当たり世帯所得が最低生活費の1.5倍を下回り，かつ資産が一定以下の水準にある者
※給付の可否は，直轄市，県市政府の審査で決まる

最低生活費（例，月額・2013年度）
　台北市：14,794台湾元（約5万円），
　高雄市：11,890台湾元（約4万円）
　直轄市以外（台湾本島内）：10,244台湾元（約3万4千円）
資産の基準（低所得世帯の基準例・2013年度）
　台北市　動産（預貯金）　15万台湾元（約50万円）
　　　　　不動産　　　　　655万台湾元（約2200万円）
※最低生活費は，最近1年間の可処分所得の60％を基準とする。資産の基準も地域によって異なる。

2. 給付

(1) 生活扶助
・生活費の扶助，児童のいる世帯への扶助，教育費，出産扶助，葬祭扶助など
・<u>職業訓練，仕事の斡旋等の自立支援</u>
・<u>高校以上の教育費の扶助</u>
・（中低所得世帯のみ）短期生活扶助
　<u>（台湾経済に重大な変化があったときの扶助）</u>

生活扶助の水準の例（1人当たり月額）
（直轄市以外の台湾本島）
　第1類　10,244台湾元（最低生活費と同額，約3万4千円）
　第2類　5,900台湾元（約2万円）
　第3類　0台湾元
　　（児童がいる場合に支給される別の給付が支給）

(2) 医療扶助
・医療保険の保険料補助
・自己負担の補助，その他の医療費の補助

(3) 住宅扶助
・家賃補助，住宅修繕費用の補助など

(5) 災害扶助
・食事の提供，家屋の修理，臨時避難所の開設など

(4) 緊急扶助
・生計を支える者が病気などのために生活が急速に困窮した場合の支援など

(6) ホームレスへの支援
・帰宅支援，施設での保護など

財源：中央政府，地方政府（直轄市，県市政府）の予算（税財源）

注：(1) 社会救助からの給付のうち，下線部は中低所得世帯も受給できるもの
　　(2) 生活扶助の例で用いた，第1類とは，世帯員全員に就業能力がなく，所得も資産もない世帯である。第2類は世帯員のうち，就業能力のある者は3分の1以下で，1人当たり世帯所得が最低生活費の3分の2以下の世帯である。第3類とは，1人当たり世帯所得が最低生活費の3分の2を超えるが，最低生活費以下の世帯である。
出所：衛生福利部資料をもとに，筆者作成。

ある（2000年では6万6467世帯に49.98億台湾元（約167億円）が給付）。

老人福祉（介護制度を含む）　台湾の老人福祉制度は「老人福利法」に基づいて様々な内容で構成される。その大まかな概要は次のとおりである。

（1）経済的支援

経済的支援として，低所得の高齢者などを対象にした福祉手当「中低収入老人生活津貼」がある。在宅の高齢者で所得が低く，資産が少ない者が対象であ

図表 4 - 4　台湾の高齢者福祉（経済的支援・主なもの）

制度名	主な内容	給付状況（2012年）
中低収入老人生活津貼	低所得の高齢者を対象にした手当 所得などにより支給額は（1）月額7200台湾元（低所得者・約2万4千円），または（2）月額3600台湾元（中低所得者・約1万2千円）	受給者数12万968人 支給総額92.4億台湾元 　（約309億円）
老年農民福利津貼	「農民健康保険」に加入していたことのある者（農民など）で低所得などの条件を満たした高齢者が対象の手当。支給額は月額7000台湾元（約2万3千円）	受給者数64万4870人 支給総額563.6億台湾元 　（約1792億円）
栄民就養給与	退役軍人で心身に障害のあるなどの条件を満たした者を対象（年額17万6460台湾元・約59万円）	受給者数5万9953人 （公費施設入所者）

出所：内政部，衛生福利部，行政院労工委員会（現在の労働部），行政院国軍退除役官兵輔導委員会資料等をもとに，筆者作成。

り，月額7200台湾元（約2万4千円）または3600台湾元（約1万2千円）が支給される（金額は所得などにより変わる）。そのほかに，「老年農民福利津貼」（元農民で低所得の高齢者などが対象），「栄民就養給与」（退役軍人で心身に障害のある者が対象）などがある（図表4-4）。なお，「老人福利法」では公的年金も経済的支援策として位置付けられているが，社会保険方式の制度なので，後の節で取り上げる。

（2）介護制度

台湾の介護制度は，「我國長期照顧十年計畫」（介護十年計画）による制度であり，税財源で実施されている。その対象者は，要介護高齢者だけでなく，55歳以上の先住民族，50～64歳の障害者も含まれる（今後，すべての障害者を対象にする計画）。この制度による介護サービスの利用希望者は，直轄市や県市政府に要介護認定を申請する。要介護と認められると，要介護度（軽度，中度，重度）別の限度枠の中で公的な財源による介護サービスを利用できる。

介護サービスには在宅ケア，地域（通所）ケア，施設ケアの3種類がある。在宅ケアは訪問介護などを指すが，地域（通所）ケアとは通所で利用するデイケアやショートステイなどを指す。施設ケアに含まれる施設として，①長期照

護機構（医療系の介護施設，認知症高齢者のための介護施設など），②安養機構（家族がいない高齢者等のための施設），③その他の施設がある。その他に，移送，配食，レスパイトケア等のサービスも利用できる。

　台湾では，家族介護手当として「中低収入老人特別照顧津貼」がある。これは重度の要介護高齢者を同居家族（就業していないなどの条件がある）が介護している低所得世帯に月額5000台湾元（約1万7千円）を支給する制度である。

　これらの介護サービスの利用に対して，在宅ケア，地域ケアでは1時間当たり180台湾元（約600円）が利用限度枠まで補助される。ただし，この金額で補助されるのは低所得者だけであり，その他の者は所得に応じて自己負担を支払う。自己負担割合は，低所得者に次ぐ経済状態の者は10％，その他の者は30％である。施設ケアの場合，低所得で重度の要介護者は無料である。住宅改修や

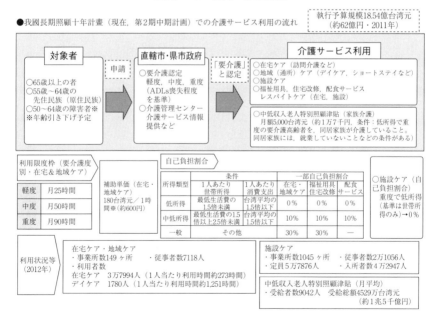

図表4-5　台湾の介護制度

福祉用具には最高10万台湾元（約34万円），配食サービスには1人1日1回最高50台湾元（約170円），レスパイトケアには1回で最高1000台湾元（約3300円）の補助がある（**図表4－5**）。

この「我國長期照顧十年計畫」の成果として，公的な介護サービスの利用が増えたと言われている。その一方で，高齢者の介護は家族や「外籍看護工」と呼ばれる外国人ケアワーカーが多く担っている面がある[6]。そして，公的な介護サービスの質の確保，提供体制の地域差，増大する介護費用の確保など課題がある。そのような中，介護サービス提供体制の地域差を少なくするための「長期照護網計畫」（介護サービスネット計画）が2012年から実施されている[7]。そして，新たな介護制度の検討も進められている。その柱となる法律として，「長期照護服務法」（介護サービス法：介護サービスの提供の体制を整える法律），「長期照護保険法」（介護保険法）の検討が行われている。なお，後者の「長期照護保険法」は2016年法制化を目標にしている。

（3）その他の老人福祉サービス

その他の老人福祉サービスとして，高齢者に関する各種の相談などに対応する総合的な窓口の設置（直轄市，県市政府），「長青学苑」などにおける生涯学習や娯楽活動施設，地域における見守り，地域の巡回による健康相談などの実施がある。さらに，徘徊等で行方がわからない高齢者を捜すためのホットラインなどもある。

児童福祉（働き方を含む）

台湾でも少子化が進み，子育て支援策が重要になっている。ここでは児童福祉だけでなく，働き方についても取り上げる。

（1）就学前教育（保育）

就学前の子どもが通う場所として，台湾でもわが国と同様に，保育所（かつては内政部所管）と幼稚園（教育部所管）に分かれていた。しかも，保育所は2歳以上の子どもが対象であり，2歳未満の子どもは「保育センター」（かつては内政部所管）を利用する仕組みであった。そして，在宅系のサービスに保育ママがあった。台湾では2012年に幼保一元化が実施され，保育所と幼稚園は「幼児園」に一元化された。幼児園は，2歳以上の子どもを対象とした就学前教育・

保育施設であり,教育部が所管する。2歳未満の児童は引き続き「保育センター」を利用する（内政部→衛生福利部所管）。在宅系のサービスは「家庭型保育」（内政部→衛生福利部所管）という分類になり，その従事者は地方政府による「社区保母支持体系」の管理下にある。2012年の幼児園，保育センターの数はそれぞれ6611か所，402か所，園児数はそれぞれ約46万人，約0.7万人であり，その合計は0〜5歳人口（約120万人）の約39％に相当する。社区保母支持体系は62あり，2万3066人の保育ママが登録され，3万3270人の児童が利用している（図表4-6）。

図表4-6 台湾の児童福祉施策の概要

種類	内容	
保育	○「幼児園」として幼保一元化，施設型と在宅型のサービス 施設型: 保育センター(0-2歳), 幼児園(2-6歳), 国民小学 在宅型: 家庭型保育, 放課後保育	教育・保育施設（教保機構） 山間部・離島など地域住民による教保機構
	○所管 （中央）保育センターと家庭型保育：衛生福利部，その他：教育部 （地方）直轄市，県市政府	○従事者（資格） 幼児園教諭，教保員，助理教保員，保母人員等 家庭型保育の従事者は，直轄市・県市政府の「社区保母指示体系」で管理
経済的支援	○低所得世帯向けの手当 「弱勢児童及少年生活扶助」 （月額1900台湾元・約6300円） ○医療費補助 「弱勢児童及少年医療費用補助」（低所得世帯の子どもに医療保険の保険料等を補助）	○保育料補助（所得などの制限あり） 「就業者家庭保母托育補助」（2歳未満の子どものいる家庭を対象） 「父母未就業家庭育児津貼」（両親の少なくとも一方が就業していない家庭を対象） 「5歳幼児免学費教育計画」（5歳児の幼児園の費用を補助，低所得者などには加算がある）
（働き方）	○出産休業 出産前後合計で8週間（有給） ○育児休業 子どもが3歳になるまで2年間取得可能（無給） 就業保険から手当，社会保険の継続，不利益取り扱いの禁止，復職保障	○父親休暇（3日間，有給） ○家族看護休暇，労働時間の短縮，事業所が保育サービスを提供

出所：衛生福利部，行政院，行政院労工委員会（現在の労働部），台北市社会局資料をもとに，筆者作成。

（2）経済的支援

　台湾にはわが国の「児童手当」（かつての「子ども手当」）に相当する制度は実施されていない。しかし，「児童及少年福利與権益保護法」をもとに，地方政府が低所得世帯の子どもを対象にした手当（弱勢児童及少年生活扶助）を支給している（月額1900台湾元（約6300円））。また，低所得世帯を対象にした保育料補助，医療保険料や自己負担の補助などを行っている。また，すべての5歳児を対象に幼児園の費用補助が実施されている。補助の額は幼児園の設置者（公立か私立か）により異なるほか，世帯の経済状態による加算もある。「弱勢児童及少年生活扶助」の支給状況（2012年）をみるとは，延べ人数で約146.7万人に約28.8億台湾元（約96.2億円）が支給されている（図表4-6）。

（3）働き方

　台湾では，出産休業・育児休業が制度化されており，それぞれ8週間，3歳までの間の2年間取得可能である。出産休業中の賃金は関連する法令により支給され，育児休業中は無給であるが，就業保険（雇用保険）から手当が支給される。また，社会保険加入の継続，不利益取り扱いの禁止などもある。配偶者が出産したときの父親休暇（3日間，有給）も制度化されている。[8] さらに，従業員250人以上の事業所では，保育所の設置または相当な保育サービスを提供することとされている（図表4-6）。

　これらの制度の利用状況を行政院労工委員会(現在の労働部)「雇用管理性別平等概況調査」(2012年)でみると，出産休業の取得者があった事業所は96.8％（平均取得期間7.5週間）であった，育児休業は40.8％の事業所で取得者があり，1年以上2年未満の所得者が43.8％と最も多かった。父親休暇の取得者があった事業所は57.7％（平均取得期間3.0日）であった。そして，従業員250人以上の事業所の77.3％で保育サービスが提供されている（うち73.1％は外部の保育サービスの利用）。

身体障害者福祉
（精神障害者福祉を含む）

　台湾には心身に障害をもつと認定された者が約112万人いる（2012年・内政部）。彼らを対象に「心身障害者権益保障法」のもとで，経済的支援，障害者介護サービス，補装具の普及などの障害者福祉施策が実施されている。

　まず経済的支援として，施設に入所していない障害者を対象にした手当が支

図表4-7　台湾の障害者福祉の概要（主なもの）

経済的支援	○生活手当（身心障礙者生活補助費・月額） 　低所得世帯　8200台湾元（約2万7千円・重度または中度） 　　　　　　　4700台湾元（約1万6千円・軽度） 　その他の世帯　4700台湾元（約1万6千円・重度または中度） 　　　　　　　3500台湾元（約1万2千円・軽度） 　※支給額　201.65億万台湾元（約674億円・月平均受給者 34万8656人, 2012年） ○車いすなどの補装具への補助 　※支給額　7.29億台湾元（約24.3億円，月平均 6452人, 2012年） ○国民年金などの社会保険料補助, リハビリテーションの医療費補助
障害者介護サービス	○障害者介護サービス 　在宅ケア（訪問での身体介護など）　延べ252万9788人（2011年） 　地域（通所）ケア, 施設ケア 　　施設数　271箇所（定員23,759人） 　　利用者数　1万9092人（うちデイケアなどの一部時間の利用者 6093人） 　※費用は政府が補助（25%～100%補助） 　訪問看護：1回当たり1300台湾元（約4300円・月2回まで） 　在宅ケア：1時間当たり180台湾元（約600円） 　　（障害の程度によるサービス利用上限）軽度25時間, 中度50時間, 重度90時間 　配食サービス：50台湾元（約170円・1日1回まで） 　訪問リハビリテーション：1回1000台湾元（約3340円・週1回, 年間6回まで） 　低所得者は100%補助, 中低所得者は90%補助, その他は70%補助
その他	○就業支援（職業訓練，就職支援など）　○就学支援（奨学金支給など） ○公共交通機関割引，税制での支援など

注：低所得，中低所得の基準は「社会救助」によるもの。
出所：衛生福利部，内政部資料をもとに，筆者作成。

給されている（所得制限などがある）。支給額は障害の程度と世帯所得に応じて月額3500～8200台湾元（約1万2千円～2万7千円）が支給される。車いすなどの補装具を購入する際の費用補助も行っており，補助の内容や対象者などは，補装具の種類別に詳細に定められている。その他に，国民年金などの社会保険料の補助を行っている（補助の程度は，障害に程度により異なる）。

　次に，障害者介護サービスとして，在宅，地域（通所），施設での介護サービスが提供されている。身体介護や生活支援サービスのほか，リハビリテーション，声かけなどの訪問サービス，配食サービスが行われている。特に，通所や

施設ケアでは，社会への適応の訓練などの自立を支援するサービスが行われている。また，介護者を対象とした各種支援（相談業務，レスパイトケアなど）も行われている。これらの費用は政府が補助するが，所得水準により一部補助にとどまる場合がある。その程度は，在宅ケアでは90％，70％であり，地域（通所）と施設ケアでは25〜100％である。なお，50歳以上の障害者は，すでに述べた「我國長期照顧十年計畫」による介護サービスを利用できる（対象者の年齢の引下げ予定があるほか，検討中の介護保険ではすべての年齢の障害者も対象となる予定である）。このほかに，就業支援，就学支援などがある。

| その他 | 台湾には，配偶者を失ったなどの事情による「特に支援を要する人々への社会福祉」がある。この福祉の対象となり

うる世帯は台湾全体で約2万世帯存在する（2012年，内政部資料）。世帯主は女性がほとんどを占め，年齢では30代から40代，配偶関係では離別や死別の世帯主が多い。この世帯への支援として，養育している子どもへの手当，緊急の生活扶助などが行われており，2012年で約15.7万人に約4.5億台湾元（約15億円）が支給されている。また，「婦女福祉センター」，「婦女中途之家，庇護センター（シェルター）」，「外国人配偶者福祉センター」などの設置，運用も行われており，2012年でそれぞれ51か所，40か所，35か所設置されている。

また，古くから山間部などに居住する先住民族への福祉も重要である。彼らは健康や就業などの面で他の住民との格差が存在するためである。先住民族に対する施策は一般に「行政院原住民族委員会」が所管するが，この委員会による衛生・福祉分野の施策として，「全民健康保険（医療保険）の保険料補助」，「通院費用の補助」，「先住民族が多く入所する福祉施設への補助」，「先住民族対象の年金（後述の国民年金で実施）」などがある。

3　医療保障の現状

| 「全民健康保険」の概要 | 台湾の医療保険は「全民健康保険」（1995年実施）によって台湾の住民がカバーされている。保険者は中央健康保険署

という衛生福利部の機関であり，わが国と異なり単一の保険者による運営であ

る。

　被保険者は台湾に居住する者（在留許可のある外国人を含む）である。「受刑者」も被保険者になるほか，台湾に帰国または在留許可を取得した者は，原則として6か月（183日）経過後に被保険者になる。彼らは職業などにより，第1類から第6類までの6種類の被保険者に分類される。これは，保険料の計算のほか，政府や雇用主が負担する保険料割合の基礎にもなる。例えば，会社員は第1類被保険者であるが，これには自営業者（従業員がいること），専門職（弁護士や会計士など）も含まれる。農林漁業に従事する者は第3類被保険者であり，職業についていない高齢者などは第6類被保険者となる。また，社会救助（生活保護）の対象となる低所得者は第5類被保険者である。

　被保険者は一部の者を除いて保険料を負担する。第1類から第3類被保険者の保険料は標準報酬（賃金など），保険料率（4.91％），図表4-8にある負担割合を乗じた保険料を本人と家族人数分（3人分まででよい）を負担する。第6類被保険者（地域住民）の保険料は平均保険料（1249台湾元（約4200円））と呼ばれる定額の保険料の60％を本人と家族人数分（被保険者平均0.7人）を負担する。雇用主（職業団体など）と中央政府は図表4-8にある割合で保険料を負担する。なお，中央政府は，一部の法定収入（宝くじ収益金，健康福利税など）を除いた収入の少なくとも36％を負担することになっている。このようにして負担される保険料が全民健康保険の主な財源であるが，この他の財源として，補充保険料（被保険者はボーナスの一定以上の金額や利子，配当金などの総額の2％，雇用主は給与総額と標準報酬総額の差額の2％を負担），公益彩券（宝くじ）からの収益，健康福利税[9]（たばこ税の一種）などもある。

　保険給付には，医科，歯科，漢方医による医療サービスと薬剤があるほか，自然分娩もある。また，訪問看護も給付の対象である（月2回まで）。自己負担もあり，外来の場合は定額（法律上は定率）であり，医科，歯科などの部門，医療機関の種類別に定められている。入院の場合は定率であり，急性病棟・慢性病棟，入院期間別に定められている。なお，訪問看護の自己負担も定率（5％）である。

　保険から給付される医療費は総額予算による給付である。これは，あらかじ

図表4-8 「全民健康保険」の概要

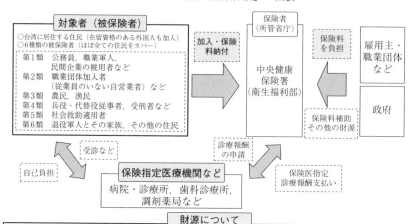

注：中央健康保険署資料等を用いた。
出所：小島克久（2011）の表をもとに，筆者作成。

め次年度の医療費の総額を政府が決定し、その後、診療部門・地域別などの医療費の配分を決定する。[10] 翌年度は、保険医療機関から出された診療報酬の申請と審査結果により保険から給付する医療費を点数単位で決定させる。その点数と医療費の総額を比較して1点当たり単価が決まるので、これに基づいて算出される診療報酬を医療機関は受け取る（図表4-8）。

「全民健康保険」の実施状況　全民健康保険は台湾の住民を対象にする単一の制度であるが、1995年（実施年度）の被保険者数は約1912万人で総人口の約90％相当であった。その後、この割合は上昇し2011年では住民の99.9％をカバーしている。[11] 全民健康保険の実施により、高齢者を中心に医療サービスはより利用しやすくなった。例えば、平均受診回数（外来）は、1995年は10.6回であったが、その後は順調に増加し、2011年には16.2回となっている。平均入院日数は、1995年の9.4日から2011年には10.2日へと若干の伸びを示している。次に保険財政をみると、収入は1995年の約1945億台湾元（約6500億円）から2011年の約4968台湾元（約1兆6600億円）へと増加している。一方、支出も1995年の約1574億台湾元（約5300億円）から2011年の約4626億台湾元（約1兆5500億円）へと増加しており、年によっては支出の方が上回っている。この背景には、皆保険の実現に伴い保険料が確保されるようになったが、保険料率が現在までに3回しか改訂が行われず（制度上は少なくとも2年に1回は見直す）、賃金の伸びが低かったこと、そして、重病の患者や高齢者の医療費が多くなったことにある（図表4-9）。

医療提供体制の現状　全民健康保険を直接支える台湾の医療提供体制であるが、医師（漢方医師を含む）、歯科医師の数はそれぞれ、約4.6万人、約1.2万人であり、看護師数は約11.4万人である（2011年）。これを人口1万人当たりでみると、医師数（漢方医師を含む）、歯科医師、看護師の順に19.6人、5.2人、49.2人であり、わが国（医師数23.0人、歯科医師数7.9人、看護師数（准看護師を含む）101.2人、2010年）[12] と比べると、医師と看護師はわが国よりを大きく下回る。そうしたなか、台湾にも医療提供体制の地域差があり、直轄市・県市政府レベルでみると、人口1万人当たりで医師数（漢方医師を含む）が最も多いのは台北市（35.1人）であり、最も少ないのは離島である金門県（5.3人）である。

図表4-9 「全民健康保険」の状況

			1995年	2000年	2005年	2011年
適用状況	被保険者数	(万人)	1,912.3	2,140.1	2,231.5	2,319.9
	(対総人口比)		89.5%	96.1%	98.0%	99.9%
	本人	(万人)	1,121.3	1,234.7	1,341.0	1,504.5
	家族	(万人)	791.1	905.4	890.5	815.4
保険財政	収入	(億台湾元)	1,945.0	2,914.0	3,660.6	4,967.6
	保険料	(億台湾元)	1,941.6	2,907.3	3,561.0	4,694.7
	その他	(億台湾元)	3.4	6.7	99.6	272.9
	支出	(億台湾元)	1,573.6	2,904.4	3,723.9	4,625.8
	保険給付	(億台湾元)	1,568.5	2,821.1	3,674.0	4,581.9
	その他	(億台湾元)	5.1	83.3	50.0	43.8
(被保険者1人当たり)	保険料(政府・雇用主負担を含む)	(台湾元)	10,153	13,585	15,958	20,237
	保険給付	(台湾元)	8,202	13,182	16,464	19,751
受診状況	平均受診回数(外来)	(回)	10.6	14.7	15.5	16.2
	平均入院日数	(日/入院1回)	9.4	8.7	9.9	10.2

注:収入の「その他」は,保険料滞納金(延滞料),宝くじの収益金からや健康福利税からの補助などで構成される。支出の「その他」は借り入れ利息の支払い,全民健康保険の基金への積み立てなどで構成される。平均受診回数は外来の件数を被保険者数で割って求めた。
出所:中央健康保険署資料をもとに,筆者作成。

そのほかに,山間部を抱える新竹県(9.1人),苗栗県(10.9人),台東県(12.7人)などで少ない。このように,離島や山間部を抱える地域では医療提供体制が十分でなく,医療提供体制の地域格差が課題となっている。これに対応するために,都市部の指定医療機関が山間部での巡回診療,ITCを活用した診療情報の共有などを行っている(図表4-10)。

台湾でも,予防医学の推進とともに「家庭医」(かかりつけ医)の普及が謳われている。しかし,「家庭医」は住民にとって義務ではなく,対象者は慢性病の受診歴がある者のうち希望者に限られている。

図表4-10　台湾の医療提供体制

			1995年	2000年	2005年	2011年
主な 医療従事者	医師	(人)	27,495	33,169	38,657	45,516
	歯科医師	(人)	7,026	8,597	10,140	11,992
	看護師	(人)	56,743	70,743	92,447	114,300
人口1万人 当たり	医師	(人)	12.9	14.9	17.0	19.6
	歯科医師	(人)	3.3	3.9	4.5	5.2
	看護師	(人)	26.6	31.8	40.6	49.2
医療機関数	病院数	(か所)	787	669	556	507
	診療所	(か所)	11,732	11,863	12,848	14,226
	歯科診療所	(か所)	5,280	5,550	6,029	6,402
病床数 (人口1万人当たり)		(床)	112,379	126,476	146,382	160,472
		(床)	52.6	56.8	64.3	69.1

注：医師には漢方医師の数を含み，病院・診療所の数には漢方の病院および診療所の数を含む。看護師は「護理師」
　　と「護士」の合計。
出所：衛生福利部資料をもとに，筆者作成。

4　年金保障の現状

高齢期の所得保障と年金制度　第2節の老人福祉のところで述べたように，公的年金は老人福祉（経済的支援）のひとつとされている。台湾の年金制度は医療保険（全民健康保険）のように一元化されておらず，「労工保険」，「公教人員保険」などの複数の制度から給付が行われている。すでに述べた高齢者への福祉手当を含めると，台湾の高齢期の所得保障の仕組みはわが国よりも複雑である。そこで，台湾の高齢期の所得保障の体系を概観し，その中での年金制度の位置をみてみよう。

　図表4-11は年金制度を含む台湾の高齢期の所得保障制度の体系と主な年金制度の種類を示したものである。これをみると，第0層の制度は低所得高齢者向けの福祉制度であり，「中低収入老人生活津貼」などの手当がこれに該当する。社会保険方式の年金制度はその上の第1層とされている。この部分がわが国の年金制度でいう1階部分にあたると考えられる。その上の第2層として，（法

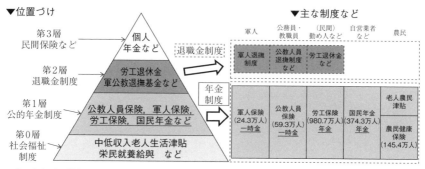

図表4-11 台湾の年金制度（高齢期の所得保障制度での位置と主な制度）

注：（ ）内の数字は加入者数（2012年12月現在）。下線部は給付の方式。
出所：行政院経済建設委員会（現在の国家発展委員会），労工委員会（現在の労働部）資料をもとに，筆者作成。

律で定められた）退職金制度がある。そして，第3層として個人で老後に備える部分があり，民間保険（個人年金），貯蓄，家族による経済的な支援がこれに相当する。

　このように，社会保険方式の年金制度は高齢期の所得保障の基礎的な位置に置かれている。台湾では国民年金の実施（2008年）により，法的には全住民が年金制度でカバーされている。しかし，加入する年金制度は職業などによって異なる。まず軍人は，軍人保険に加入し，公務員や学校の教職員は公教人員保険に加入する。民間企業で雇用される人などの勤め人は労工保険に加入し，自営業者などは国民年金に加入する。これらの制度では，老齢給付が定期的に給付を受け取る「年金」で実施されている制度（労工保険，国民年金）と，一時金の制度（軍人保険，公教人員保険）に分かれており，給付の方法が一様でない。

　なお，第2層の退職金制度では，軍人，公務員，労工保険に加入する人々には対応する退職金の制度があるが，その他の人々にはこうした制度（わが国の国民年金基金や個人加入の確定拠出型年金のような制度）は存在しない（図表4-11）。

労工保険　図表4-11からわかるように，年金給付を行う社会保険として「労工保険」（労働部（労工保険局）が所管）の規模が最も大きい。民間企業に雇用されている人などが加入するこの保険では，かつては年金に相当する給付を一時金で支給していた。2009年から年金での支給となっ

ている。労工保険の被保険者は，標準報酬の 8 ％の保険料を負担する（ただし，本人負担はその20％）。

　年金給付には，老齢年金，障害年金，遺族年金の 3 種類がある。老齢年金は労工保険に加入した期間が15年以上ある60歳以上の者が受給できる[13]。給付水準は，本人の平均賃金（一番高かった賃金の60か月の平均），保険加入期間などをもとに，図表 4 -12の下に示した計算式で支給額が決まる（最低保障は月額3000台湾元（約 1 万円））。ただし，一時金の制度は残っており，保険加入期間が15年未満の者は老齢一時金を受け取ることができる。その支給額は最高で平均賃金月額の45か月分である。

　障害年金は，重度の障害のある被保険者に支給されるものである。最低保障は月額4000台湾元（約 1 万 3 千円）であり，老齢年金と同じように平均賃金と保険加入期間などをもとに金額が決定されるが，配偶者などがいるときには家族加算がある。遺族年金は，被保険者または受給者が死亡した後に，配偶者やその子が受給するものである。最低保障は月額3000台湾元（約 1 万円）であり，支給額は所定の計算式で決定される。なお，障害年金と同じように家族加算がある（図表 4 -12）。

　労工保険と後述の国民年金は加入期間の通算が可能であり，労工保険の加入期間が15年未満でその後国民年金に加入した場合，15年以上の期間になれば労工保険の老齢年金を受給できる（年金支給額はそれぞれの制度別に計算）。

国 民 年 金　台湾の「国民年金」は2008年から実施されている。制度は衛生福利部の所管であるが，運営は労工保険を所管する労働部（労工保険局）に委託されている。国民年金の被保険者は，65歳未満の住民で，労工保険などの社会保険（年金）制度に加入していない者である[14]。つまり，自営業者や農民などで労工保険などに加入していない（これまで年金制度でカバーされていなかった）人々である。

　保険料は，標準報酬に相当する保険金額（ 1 万7280台湾元（約 5 万 8 千円））に保険料率（7.5％）を乗じた金額が保険料となる。この保険料はどの被保険者にも適用されるので保険料は事実上定額制である。保険料率は2013年で7.5％であるが，これは施行初年度（2008年度）の6.5％から 2 年ごとに0.5％ずつ引き上

図表4-12 労工保険（年金給付）と国民年金の概要

項　目	労工保険（年金給付）	国民年金
保険者	労働部（労工保険局）	衛生福利部（労働部（労工保険局）に委託）
被保険者	15歳以上65歳未満の労働者 （主な条件） ・5人以上の者を雇用する民間企業などの従業員 ・職業団体に加入する自営業者　など	65歳未満の国民で，社会保険制度に加入していない者 （主な条件） ・25歳以上で，社会保険給付（老齢給付）を受け取ったことがない ・15歳以上であり，かつすでに農民健康保険に参加している者　など
保険料	・標準報酬の8％（労災給付分を除く） 保険料は本人（20％），雇用主（70％），政府（10％）で負担	・保険金額（17,280台湾元（約5万8千円））に保険料率（7.5％）をかけた金額（2013年）。保険料は本人（60％）と政府（40％）で負担 ※本人と政府の負担割合は所得などに応じて異なる
給付の種類	○老齢年金（最低保障：月額3000台湾元（約1万円）） 支給開始年齢：60歳（15年以上加入・繰り上げ，繰り下げが可能） ○障害年金（最低保障：月額4000台湾元（約1万3千円）） 被保険者が重度の障害と認定された場合などに支給 ○遺族年金（最低保障：月額3000台湾元（約1万円）） 被保険者，年金受給者が死亡したときに支給 受給者：配偶者，子など ○老齢一時金 保険加入期間が15年未満の場合に支給 平均賃金の最大45か月分	○老齢年金（最低保障：月額3500台湾元（約1万2千円）） 支給開始年齢：65歳 ○障害年金（最低保障：月額4700台湾元（約1万6千円）） 支給の条件：被保険者が重度の障害と認定された場合などに支給 ○遺族年金（最低保障：月額3500台湾元（約1万2千円）） 被保険者，年金受給者が死亡したときに支給 受給者：配偶者，子など ○その他の給付（月額） 老齢基礎保障年金（3500台湾元（約1万2千円）） 心身障害基礎保障年金（4700台湾元（約1万6千円）） 原住民年金（3500台湾元（約1万2千円）） 国民年金実施時（2008年）に65歳以上であった，重度の障害者であった，原住民で55歳以上だった者に支給（各種条件あり）
支給額 (2012年)	老齢年金　11,170台湾元（約3万7千円） 障害年金　10,226台湾元（約3万4千円） 遺族年金　12,305台湾元（約4万1千円）	老齢年金　3,053台湾元（約1万円） 障害年金　3,517台湾元（約1万2千円） 遺族年金　3,394台湾元（約1万1千円）

※労工保険年金支給額の計算式（主なもの）
老齢年金（どちらか多い方）
（1）平均賃金×保険期間（年数）×0.775％ + 3000台湾元（約1万円）
（2）平均賃金×保険期間（年数）×1.55％
※平均賃金は賃金が最も高い60か月の平均
保険期間は国民年金の加入期間と通算できる
障害年金（原則）
平均賃金×保険期間（年数）×1.55％
（最低保障は月額4000台湾元（約1万3千円））
家族加算1人当たり25％加算（最大50％加算）
遺族年金
（1）平均賃金×保険期間（年数）×1.55％　（加入期間中の死亡）
（2）上記の50％（老齢年金，障害年金受給期間中の死亡）
最低保障は月額3000台湾元（約1万円）
家族加算1人当たり25％加算（最大50％加算）

国民年金保険料負担割合（一般以外）
1. 社会救助適用者　全額政府負担
2. 低所得者　所得が最低生活費の1.5倍未満　本人30％，政府70％
　　　　　　同1.5倍以上2.5倍未満　　　　　本人45％，政府55％
3. 障害者　重度　全額政府負担　中度　本人30％，政府70％
　　　　　軽度　本人45％，政府55％

※国民年金年金支給額の計算式（主なもの）
老齢年金（原則・どちらか多い方）
（1）保険金額×保険期間（年数）×0.65％ + 3500台湾元（約1万2千円）
（2）保険金額×保険期間（年数）×1.3％
保険期間は国民年金の加入期間と通算できる
障害年金（原則）
保険金額×保険期間（年数）×1.3％（最低保障は月額4700台湾元（約1万6千円））
遺族年金
（1）保険金額×保険期間（年数）×1.3％（加入期間中の死亡）
（2）上記の50％（老齢年金，障害年金受給期間中の死亡）
最低保障は月額3500台湾元（約1万2千円）
家族加算1人当たり25％加算（最大50％加算）

注：実際の支給額は細かい規則（福祉手当を受給している場合など）により最低保障を下回る場合がある。
出所：行政院経済建設委員会（現在の国家発展委員会），労工委員会（現時あの労働部）資料をもとに，筆者作成。

げることになっている。保険料以外の財源として，①中央政府や地方政府の補助（低所得者の保険料減免に用いる），②公益彩券（宝くじ）の収益の一部と営業税（消費税）の1％相当分などがある。

　国民年金の給付にも老齢年金，障害年金，遺族年金がある。老齢年金は被保険者が65歳に到達したときに受け取ることができる。支給額は所定の計算式によって決まるが，原則として月額3500台湾元（約1万2千円）は保障される。計算式にある保険期間は労工保険と通算できる。障害年金は，保険期間中の傷病により重度以上の心身障害と認定され，生計を立てる能力がないときなどに支給される年金である。最低保障は月額4700台湾元（約1万6千円）である。遺族年金は被保険者や上記の年金受給者が死亡したときに遺族が受給することができる年金である。支給の対象者は，配偶者，子，両親，祖父母，孫，兄弟姉妹であり，婚姻期間や年齢などによる条件もある。最低保障は月額3500台湾元（約1万2千円）である。

　これらの給付とは別に，国民年金の実施時にすでに65歳以上であった，重度の障害者であった，55歳以上の先住民族である場合で，所得などの条件を満たす者が受給できる給付がある（老齢基本保障年金，心身障害基本保障年金，原住民年金）。そして葬祭料として，被保険者が死亡したときに死亡した月の保険金額の5か月分が支給される。これは葬儀費用を支出した者（原則として1人）が受け取る（図表4-12）。

　その他の制度　公務員，（私立を含む）学校の教職員は「公教人員保険」に加入している。保険料として給与に保険料率（8.25％）を乗じたものを負担する。被保険者本人の負担はその35％相当分であり，残りは政府（私立学校の教職員の場合は政府と雇用主）が負担する。老齢給付は15年間保険料を納め，55歳に達した者が退職するときに受け取ることができる。いわば退職時の一時金である。保険料納付期間に基づいて金額が決まる（最高で給与の36か月分）。軍人保険は職業軍人が加入し，給与の8％相当分を保険料として納める（被保険者本人の負担は35％相当分）。老齢給付は，（5年以上の）勤続年数に応じて受け取る退職一時金であり，最高で給与の45か月分まで支給される。

5　今後の社会保障制度の課題

|「中華民国人口政策綱領」にみる社会保障施策の方向|　台湾の社会保障制度の概観はこれまで述べてきたとおりである。台湾でも少子・高齢化が進み，2025年頃には人口がピークに達しその後は減少する見通しである。そのため，人口の変化に対応した社会保障制度の改革や構築がこれまで以上に重要になっている。

　台湾では人口や関係する社会保障などの施策の方針は「中華民國人口政策綱領」で定められている。1969年に最初の綱領が策定されたが，2011年に改訂された綱領をみると，基本的な考え方として，様々な施策の実施により合理的な人口構造を維持すること（高齢化の影響を緩和させる），住民の健康状態などを向上させることなどの目標が示されている。これに対する，社会保障に関する施策の方向として，高齢者の病気などの予防，介護サービスの充実，年金制度などの所得保障制度の充実，全住民の健康増進，保健医療サービスの充実，質の高い子育支援サービス，障害者や先住民の福祉の充実が謳われている。[16]

|社会保障制度の改革などの方向|　台湾の社会保障制度は，全民健康保険のように制度が完成されたものがある。しかし，医療費が伸びる一方で，定期的に行うはずの保険料率の見直しは十分に行われず，保険財政は潤沢な状態にはない。そのため，保険料などの財源の確保，医療費の伸びの抑制が課題である。医療費の「総額予算」は後者への具体的な対応である。また，医療供給体制の地域差，特に山間部や離島を抱える地域とそうでない地域との格差が大きい。現在その格差の縮小を目指して，都市部の医療機関が中心となった巡回診療などが行われているが，医療サービスへのアクセスの地域差の解消が重要な課題になっている。

　同じような課題は介護制度でもみられる。台湾全体での介護マンパワーの量と質の充実が急がれる一方で，介護サービス提供体制の地域差があり，これを縮小させる取り組みが「長期照護網計畫」である。「我國長期照顧十年計畫」では3年間で50億台湾元を超える予算が投じられているが，予算の確保は決し

て計画どおりではない。介護に必要な財源を確保するため，2016年法制化を目標に介護保険が検討されている。その検討は，わが国やドイツ，韓国を参考にしているといわれるが，台湾の現状にあった介護保険の制度設計が求められている。このように，台湾の介護制度は社会保険制度の整備と介護サービスの提供体制の整備を同時に進めることが課題となっている。

　年金制度は制度が分立しているため，給付の方法，水準に格差がある。現在これを是正するための検討が行政院経済建設委員会（2014年1月に国家発展委員会に改組）などで進められている。今後，高齢化がいっそう進むと，老後の生活を子どもの経済力に依存することが難しくなる。高齢期に自立した生活を送る基盤を確立させるためには，制度間の給付と負担の不公平をなくすなどの制度改革が急務であろう。

　子育て支援では，幼保一元化は日本よりも先行して進んでいるが，日本の児童手当に相当する仕組みはまだ導入されていないところである。障害者福祉は，介護サービスは高齢者介護制度と一元化する方向にある。高齢者と障害者には必要なサービスの内容が異なる。そのためニーズの評価方法を同じにするわけにはいかない。そうした点への配慮が必要であろう。

【参考文献】

井伊雅子編著（2009）『アジアの医療保障制度』東京大学出版会
宇佐見耕一編（2002）『新興工業国の社会保障制度：資料編』アジア経済研究所
上村泰裕（2002）「台湾の国民年金論議・素描――グローバル経済のなかの後発福祉国家形成」『社会政策学会誌』第7号，151-164頁
加藤智章・西田和弘編著（2013）『世界の医療保障』法律文化社
小島克久（2003）「台湾の社会保障」広井良典・駒村康平編『アジアの社会保障』東大出版会，135-172頁
小島克久（2011）「台湾における医療事情」『健保連海外医療保障』第92号，健康保険組合連合会，18-24頁
小島克久（2014）「台湾・シンガポールの介護保障」増田雅暢編著『世界の介護保障〔第2版〕』法律文化社，154-170頁
全国老人保健施設協会（2010）『平成22年版　介護白書』TAC出版
全国老人保健施設協会（2012）『平成24年版　介護白書』TAC出版

沈　潔編著（2007）「中華圏の高齢者福祉と介護——中国・香港・台湾」ミネルヴァ書房
林　顯宗（2005）「老人福利與時俱進」『社區發展季刊』109期，内政部社會司，2005年3月，pp.97-103
楊　志良（2010）「我國長期照護現況與展望」『研考雙月刊』第34卷第3期，行政院研究發展考核委員會，2010年6月
邱　文達（2011）「衛生福利的融合綜效—長期照護的前瞻」『研考雙月刊』第35卷第2期，行政院研究發展考核委員會
行政院経済建設委員会ほか（2009）『長期照護保險規劃報告』
行政院原住民族委員會（2012）「原住民族服務手冊」
行政院年金制度改革小組（2012）『年金制度改革規劃』
内　政　部（2010）「社會福利簡介」
内　政　部（2012）「身心障礙者福利措施手冊」
内　政　部（2013）「人口政策白皮書」
行政院衛生福利部　http://www.mohw.gov.tw
行政院内政部　http://www.moi.gov.tw
行政院労工委員会　http://www.bli.gov.tw
行政院主計総処　http://www.dgbas.gov.tw
行政院国家発展委員会　http://www.ndc.gov.tw
行政院原住民族委員會　http://www.tapc.gov.tw
台湾銀行　http://www.bot.com.tw
中央健康保険署　http://www.nhi.gov.tw/

1) かつて「高砂族」と呼ばれた人々であり，ニュアンス的には「先住民族」である。行政院原住民族委員会はアミ族等の14の民族を「原住民族」として公認している（2014年6月に新たに2つの民族が公認された）。
2) 本章では台湾元を日本円に換算するときは，日本銀行「基準外国為替相場及び裁定外国為替相場」（平成25年10月公示）を用いた。それをもとに1台湾元を3.34円とした。
3) 第2次世界大戦以前についてみると，1943年に（四川省の塩田労働者の一部を対象とした）「鹽工保險」が試行されたほか，生活保護に相当する「社會救済法」が実施されている。なお，第2次世界大戦以前の台湾では，公医制度（医療とともに公衆衛生の施策にも従事）が実施され，日本の制度による恩給法が1923年に公布され，船員保険も1940年に施行されている。
4) 1999年に私立学校教職員保険と合併し，公教人員保険となる。
5) 社会救助法（1980年制定）に基づく制度であるが，それ以前は，1943年制定の社会救済法に基づく制度で対応していた。しかし，対象者を健康状態が良くない高齢者等に狭

く限定していたため，低所得に対応する制度としては不十分であった。
 6) 　台湾では高齢者の主介護者として，息子が約22％，配偶者，息子の配偶者が共に約14％，娘も約11％を占め，合計で主な介護者の約 6 割を占める（内政部「老人状況調査」(2009年)）。また，「外籍看護工」と呼ばれる外国人ケアワーカーの利用が多く，2012年には約19万人が要介護者の家庭で就労している。
 7) 　この計画では，台湾の地域を小区（郷鎮（市町村）レベル），次区（近隣の小区をまとめたもの），大区（直轄市・県市政府レベル）にレベル分けし，それぞれの地域レベルごとに，介護サービスの整備目標を立てている。
 8) 　「性別工作平等法」で定められている（2002年に両性工作平等法として実施，2008年に現在の名称に改正），育児休業等の子育て支援関係の規定のほか，募集・配置・昇進等における性差別の禁止，セクハラ防止規定がある。
 9) 　「健康福利税」では，例えば，紙巻きたばこ 1 千本当たり1000台湾元（約3340円，たばこ税は590台湾元（約2000円））が課税される。税収は全民健康保険の財源，たばこによる健康被害の防止，山間部の医療提供体制対策などに用いられる。なお，2012年の「健康福利税」の税収は約343億台湾元（約1146億円）である（財政部統計による）。
 10) 　総額予算の決定にあたっては，人口変動，受診行動の変化，医療技術の進歩などを評価し，毎年度の医科，歯科などの部門別費用総額の伸び率を設定する。その結果に基づいて部門別・地域別などの医療費を決定する仕組みである。
 11) 　低所得者の保険加入の措置や受刑者に被保険者資格を与えたことなどによる。
 12) 　厚生労働省「医師・歯科医師・薬剤師調査」，「衛生行政報告例」による。
 13) 　ただし，現在の制度実施10年後から支給開始年齢を引き上げ，最終的には支給開始年齢を65歳にする予定である（2027年の予定）。
 14) 　細かい条件として，「25歳以上で，これまで他の社会保険制度から老齢給付を受けたことがない者」，「国民年金実施前に，他の社会保険の老齢給付を受け取っていない者（労工保険老齢給付を除く）」，「国民年金施行15年以内に，加入期間が15年に達しない状態で労工保険老齢給付を受け取り，かつ他の社会保険の老齢給付を受け取らない者」，「国民年金施行時に15歳以上であり，かつすでに農民健康保険に参加している者（65歳未満の者で，農業に従事することがない者を除く）」という条件がある。
 15) 　最終的には12％まで引き上げ予定。
 16) 　これらについて詳細は内政部（2013）「人口政策白書」が詳しい。

第5章 タイ

河森正人

1 タイの概要

タイの位置　タイはミャンマー，ラオス，カンボジア，マレーシアと国境を接する。大陸部東南アジアを扇に例えれば，タイはその要の位置にあるといえよう。面積は51万3000平方kmで，日本の約1.4倍にあたる。タイはおおまかにいって4つの地域に分かれる。北部はミャンマー，ラオスに接し，山岳地帯が広がる。中部にはチャオプラヤー川沿いにデルタ地帯が形成され，世界有数の穀倉地帯となっている。東北部は，農業が主たる産業であるが，土壌および気候面で不利な条件下にあり，最も所得水準が低い地域である。半島状の南部では，錫，ゴム，パーム油などが産出される。

人口動態　まず，図表5-1によって総人口の推移をみると，1960年の2731万人から2010年の6912万人へと増加している。今後もしばらくは増加傾向が続くが，国連人口推計（2010年）によれば2039年にピークアウトし，減少に転ずるものとみられている。

次に1960年代以降の合計特殊出生率の推移をみると，1960～1965年の平均が6.13，1970～1975年の平均が5.05であったのに対し，晩婚化や非婚化などの要因により，1980～1985年2.95，1990～1995年1.99，2000～2005年1.68，2010～2015年1.53と急速に低下し，先進国のレベルに接近してきている。よって15歳未満の年少人口は1960年の42.7％から2010年の20.5％にまで低下している一方，15歳から64歳までのいわゆる生産年齢人口は，国連人口推計によれば2020年を境に減少に転ずると予測されている。

図表5-1　タイの人口と経済

年次		1960	1970	1980	1990	2000	2010	2025	2050
人口（千人）		27,312	36,915	47,483	57,072	63,155	69,122	72,884	71,037
年齢構成	15歳未満（％）	42.7	44.1	39.4	30.1	24	20.5	15.9	14.4
	15～64歳（％）	54.1	52.5	57	65.3	69.1	70.6	69.1	60.6
	65歳以上（％）	3.3	3.4	3.6	4.6	6.9	8.9	15.0	25.1
合計特殊出生率		6.13	5.05	2.95	1.99	1.68	1.53	1.47	n.a.
平均寿命	男	54.5	58.5	64.7	68.9	69.3	71.1	73.8	n.a.
	女	58.9	63.6	70.7	75.9	76.7	77.8	80.0	n.a.
国内総生産	実質成長率（％）	n.a.	n.a.	4.78	11.14	4.52	7.53	n.a.	n.a.
	1人当たりGDP（ドル）	n.a.	199.8	704.8	1,327.9	1,997.4	4,934.5	n.a.	n.a.

出所：人口，年齢構成，合計特殊出生率，平均寿命は末廣昭編『東アジア雇用保障資料データ集』東京大学社会科学研究所をもとに，筆者作成。原典はUnited Nations, *The World Population Prospects, The 2010 Revision*. 国内総生産は『アジア動向データベース』ジェトロ・アジア経済研究所。原典はUnited Nations, *National Accounts Main Aggregates Database, Basic Data Selection*.

このように少子化が進行する一方，平均寿命は男で1960年の54.5歳から2010年の71.1歳へ，女で1960年の58.9歳から2010年の77.8歳へと上昇している。このことにより，高齢者の相対的割合が上昇している。全人口に占める65歳以上人口の割合（国連2010年推計）をみると，1980年3.6％，1990年4.6％，2000年6.9％，2005年8.0％，2010年8.9％と着実に増加しており，2025年には15.0％，2050年には25.1％に達する見込みである。

政治・経済状況　タイでは1982年に国内総生産（GDP）における製造業の比率が農業のそれを上回って工業国へと変貌した。さらに1980年代後半以降の外国からの直接投資流入増によって高度経済成長を達成し，80年代末から90年代初頭にかけて二桁の成長率を示した。高度経済成長で増大したバンコクを中心とする新中間層は，軍による政治支配（軍は1991年にクーデタを実行）を打破した1992年5月民主化事件によってその政治的影響力が確認された。その後，1997年にアジア通貨危機が起こり，新自由主義的な改革が実行された。2001年に成立したタクシン政権は，民営化などの新自由主義的な改革を断行する一方で，北・東北タイの農民層に対するポピュリズム的な政策を実施して人気を集めた。しかし，2006年9月のクーデタでタクシン政権は打倒され，同政権の経済政策に批判的だったバンコクの新中間層はこれを支

持した。ここにバンコクの新中間層と，それに反対する北・東北タイ農民が対立するという構図が生まれることとなり，現在に至っている。

　こうした都市・農村間の対立はタイの政治・行政のあり方を考えるうえでの重要なポイントであり，その是正に向けて様々な取り組みがなされてきた。1997年憲法や1999年地方分権法において，財源や職員の地方への移譲に向けての方向性が示されたことがそのひとつである。その中で，政府歳出に占める地方歳出の割合を2006年までに35％に引き上げるといった目標が掲げられた。しかし，分権化の流れはその後停滞し，目標は達成されていない。特に学校や保健所の地方自治体への移譲はほとんど進んでいない。保健所の移譲が進まない背景には，土木建設分野にくらべて保健分野への予算配分が軽視されてしまうのではないかという，中央官僚の懸念がある。つまり，医療・福祉は依然として中央官庁とその出先機関(76県, 878郡)によって直接管理されているのである。

2　高度経済成長と社会保障制度整備の進展

　1960年代後半から1970年代前半にかけてのベトナム戦争を契機に，タイは本格的に世界経済に組み込まれるようになり，この時期に都市で生まれた企業経済の中に労働者が参入していった。タイで国家がこうした勤労者層に対する社会保険を準備することになったのは1990年のことである。さらに2002年には30バーツ医療制度が導入されて農民等にも医療が保障されるようになり，ここに国民皆医療保障が実現した。このように，1990年代から社会保障制度が整備されていった背景には，1985年のプラザ合意を契機とするタイへの直接投資の増加，企業業績の好調，さらにこれを背景とした政府の税収増などの要因があると考えられる。また，前述のように，1992年に軍と市民勢力が衝突したいわゆる5月民主化事件が発生したが，その後の民主化運動を背景に成立した1997年憲法の存在も忘れてはならない。

　1980年代後半以降における高度経済成長についていま一度確認しておくと，プラザ合意を基点に円高ドル安という長期的な為替基調が形成された。折りしも，日本経済はバブル含みの好調を示し，そのバブルが東南アジア諸国等に移

転される一方で，円高を背景に日本の製造業が製造拠点をこの地域に移転させた。1991年に日本がバブル崩壊を経験するも，東南アジア諸国はしばらく成長を謳歌した。しかしこの地域でも製造業の本業以外への投資（土地投機など）などによってバブルが蓄積された。結果的に，日本との間で6年のタイムラグをおいてバブルが崩壊した。97年アジア通貨危機である。そのきっかけは，アメリカのヘッジファンドを中心とする資金が一気にタイから海外へと引き揚げられたことであった。

　ここで，1980年代後半以降における高度経済成長と社会保障制度整備の関係について，医療保険を中心に少し振り返っておこう。1980年代後半の高度経済成長に伴い生活習慣病が拡大し，このことによって国民医療費は年率15％という高い率で増加した。この頃から国民医療費抑制を求める意見が国内外から提出されるようになる。例えば，世界銀行は1987年に発展途上国の保健医療サービス政策に関するレポートを出し，その中で国公立病院における患者の自己負担率の増加ないし政府医療支出の抑制という，いわば新自由主義的な政策を推奨していた。しかしながら，この世銀レポートは途上国の政府医療支出の内実を正確に反映していないとの理由から，タイ国内ではそれほど影響力を持って受容されなかった。

　次に，1990年代半ば以降の国民総医療費の動向を概観しておくと，まず1994年から96年にかけては，政府医療支出（すなわち公的医療保障システムの回路を流れる医療費），民間医療支出とも80年代後半に引き続き年率15％近い率で増加を示している。重要なのは，1997年アジア通貨危機を分岐点として医療支出における政府民間比率が52対48と逆転している点である。1998年の政府医療支出は前年比1.7％のマイナスであったのに対し，民間医療支出のそれは13.7％のマイナスとなっている。その後の動向をみると，政府医療支出の伸びが民間医療支出のそれを上回っており，したがって政府医療支出と民間医療支出の差は拡大傾向にあった。とりわけ，30バーツ医療制度が導入された2002年において政府医療支出が16.2％増加している点が注目される。以上をまとめるならば，タイにおける医療費支出構造の転換において，経済のグローバル化を背景とする経済的要因，すなわちアジア通貨危機が主要な役割を果たし，これが医療支

における政府部門の役割を高めるという結果となり，加えて30バーツ医療制度の導入がさらにこうした傾向を強める作用を果たしたといえる。

人口の高齢化に伴う問題点　しかし，東南アジアの中で社会保障が比較的整備されているタイでも，医療について皆医療保障化されたのみであり，例えば一般庶民向けの年金はあまり整備されていない。もっとも，いったん導入された医療保障制度といえども，少子高齢化という条件下でその持続性には疑問が付きまとう。もちろん，いかに介護を支える仕組みを構想するかも喫緊の課題である。

そこで，欧米諸国の高齢化のスピードを，「高齢化社会（aging society）」（65歳以上人口の全人口に占める割合が7％を超える社会）から「高齢社会（aged society）」（65歳以上人口の全人口に占める割合が14％を超える社会）に至るまでに要する期間でみておくと，フランスが115年，スウェーデンが85年，アメリカが69年，イタリアが63年である。これに対し，国連人口推計によれば，（広義の）東アジア地域では日本が24年，中国が25年，韓国が18年，シンガポールが16年，タイが22年，インドネシアが20年，マレーシアが24年，ベトナムが18年，フィリピンが22年となる。ちなみに，タイは2001年にすでに高齢化社会となり，2023年に高齢社会に入る見通しとなっている。

このように欧米諸国と東アジアの間で高齢化のスピードに差がみられるが，さらに重要なことは，日本や韓国などの東アジア先進諸国と中国や東南アジアの間で，経済成長と高齢化の関係性における異なるパターンがみられることである。つまり，中国や東南アジア諸国は，所得レベルが比較的低くかつ国家による社会保障が未整備な段階で高齢化社会に突入するのである（「未富先老」問題）。もう少し詳しくみると，東アジアの中には，1人当たりのGDPがそれほど高くないまま「人口ボーナス」（一国の人口構成で，子どもと老人が少なく，生産年齢人口が多い状態。豊富な労働力で高度の経済成長が可能。多産少死社会から少産少子社会へ変わる過程で現れる）が終了し，豊かさを十分達成できていない段階で「人口オーナス」（生産年齢人口が急減し，同時に高齢人口が急増する状態）に入っていく国がいくつかあると予想されているのである。すなわち，日本，韓国，シンガポールなどは比較的高い所得に達した後で「人口オーナス」の時期を迎える

が，中国，そしてタイをはじめとする東南アジア諸国は1人当たりGDPが1万ドル以下で「人口オーナス」の局面に入っていくと予想されている。

以上のことを社会保障制度の関係でみておくならば，今後，中国や東南アジアの場合は農村人口が相当程度残った段階で高齢化が進行すると考えられ，国家による比較的手厚い社会保障のシステムの導入が可能であった「東アジア先進国型」とは異なる社会保障システムを考えていく必要となってくるといえる。例えば，日本，韓国，台湾などでは国家が介護保険制度を準備し，その担い手として民間介護事業者，NPO，社会福祉法人などが機能したが，中国や東南アジア諸国のとりわけ農村部ではこうした制度の導入と担い手が期待できないのである。よって，農村部で先鋭的に現れる高齢化問題に対応した，小資源型の介護システムの構築と地域福祉実践が求められているのである。

3　社会福祉の現状

障害者福祉　この節では，障害者福祉と高齢者福祉を中心にみていこう。まず，国家障害者の生活の質向上推進委員会のデータベースによれば，2013年9月末時点で142万人（人口の2.2％）の障害者が存在する。2003年「社会福祉促進法」，さらに1991年「障害者リハビリテーション法」を改正した2007年「障害者の生活の質向上に関する法律」などの制定を通じて，障害者の生活を支えるための様々な福祉政策が整備されるようになってきている。とりわけ「障害者の生活の質向上に関する法律」は，「障害の社会モデル」（社会が障害ないし障壁をつくっているのであり，それを取り除くのは社会であるとの考え方）をベースに策定されており，注目される。こうした背景には，1997年憲法成立以降における人権意識の高まりがある。さらに，中央集権的タテ割り行政のもとでバラバラに展開されてきた福祉サービスの仕組みを見直し，当事者の生活の場を足場にした包括的な制度として統合するために「障害者の生活の質向上五カ年計画」が策定されている。現在，第4次計画（2012～2016）が進行しており，医療，リハビリ，教育，就労などの分野における基本方針が定められている。社会開発・人間の安全保障省は，障害者の登録や差別の撤廃に

向けた啓蒙活動などを実施している。労働省は，障害者の法定雇用率を1％とする省令を出して雇用を確保するとともに，11か所の職業訓練センターの設置を通じて職業訓練を行っている。30バーツ医療制度を管轄する国民健康保障事務局（NHSO）と保健省は，医療と福祉の統合を試みている。

　そこで，タイで特徴的な，国民健康保障事務局と保健省による障害者福祉の試みについて少し詳しくみておこう。国民健康保障事務局は，これまでバラバラに存在してきた公的制度的サービスについて，これを郡レベルのコミュニティ病院を中核に再編成するとともに，エンパワメントを通じた住民参加型活動や地域福祉をも推進する機能をコミュニティ病院に担わせようとしているように思われる。具体的には，莫大な基金（30バーツ医療制度予算）を背景とする国民健康保障事務局と，医療供給者である（すなわちタイの医療機関のほとんどを抱える）保健省が，医療と福祉をコミュニティという場で主導するという構図があり，この国民健康保障事務局が，地域の諸アクター，すなわち自治体や住民組織（保健省が組織する保健ボランティアや社会開発・人間の安全保障省が組織する高齢者在宅福祉ボランティアなど）をコミュニティ病院のもとにネットワーク化しようとしている点が指摘できる。

　医療保障の項目でみるように，30バーツ医療制度では1人当たり医療費をあらかじめ定める人頭割予算（capitation）を採用しており，2013年度の1人当たり人頭割予算は2755.6バーツになっているが，2003年度からその中に障害者福祉予算が計上されるようになった。当初4バーツであった障害者福祉向け人頭割予算は，現在では12.88バーツに引き上げられている。30バーツ医療制度内で障害者福祉にどれくらいの予算が使われているかであるが，総額にすると12.88バーツ×4845万人（30バーツ医療制度対象人口）＝6億2400万バーツが振り向けられていることになる。さらに，これに各自治体の予算が付加されることになっている。つまり，これは国民健康保障事務局と自治体によるマッチング・ファンドの仕組みである。なお，労災によるリハビリ等は社会保障基金スキーム（SSS）の対象となるので別扱いとなる。上記予算の90％がリハビリや補装具の購入等に，10％が地域リハビリテーション（CBR：Community-Based Rehabilitation）プログラムの推進などに充てられることになっている。CBRでは，

保健ボランティアや高齢者在宅福祉ボランティアなどの地域資源が活用されている。

高齢者福祉　国家高齢者支援調整委員会は2002年，高齢者福祉政策の指針となる「第2次国家高齢者計画」を策定した。これは20年間にわたる長期計画であるが，3つの基本理念で構成されている。第1に，高齢者支援の主体は第一義的には家族とコミュニティであり，国家による福祉については，その基本的保障を行うという意味において補完的位置にとどまること，第2に，健康，所得の安定，教育，福祉等に関わる施策を統合的に推進すること，第3に，達成目標とその測定指標の設定を通じて評価のシステムを整備することの3つである。そこで以下，家族とコミュニティの役割分担についてみておくことにしよう。タイでは施設介護が一般化しておらず，在宅介護がメインとなる。

　まず，国家統計局（NSO）によれば，2009年時点において家族（子ども，配偶者，兄弟姉妹）からの資金を主たる所得の源泉としている高齢者は全体の61％である。介護についてみると，要介護でかつ介護者がある高齢者は全体の10.9％であり，主たる介護者の8割が子ども（とりわけ娘）ないし配偶者である。このように所得保障，介護の面で家族の果たす役割が依然として大きいが，第2次国家高齢者計画は，20年間の期間中を通して高齢者の家族との同居率を90％以上に維持することを目標としている。別居でも生活費を送金することが可能であるから，同居率を維持することの意味は，介護の面でより大きい。

　そこで，家族介護を補完するものとして近年新設された高齢者在宅福祉ボランティアについて触れておこう。もともとこれは，社会開発・人間の安全保障省の青少年・障害者・高齢者福祉支援保護事務局が推進する事業であるが，2003年から2004年にかけて8県で高齢者在宅福祉ボランティア事業を試験的に開始した。2005年11月には国家高齢者支援調整委員会がこれを全国に普及させる旨の決定をし，2005年にさらに15県，2006年にさらに48県の自治体（各県1モデル自治体）で試験的に実施された。1自治体当たり40人のボランティアを育成し，1人最低5人の高齢者の健康増進や回復期におけるリハビリ，すなわち2次予防と3次予防の連携，あるいは介護を担当することが目標とされた。さ

らに国家高齢者支援調整委員会は2007年1月,同事業を地方自治体の管轄とし,政府や住民と調整しながら運営させる旨の方針を閣議に提案する旨決めた。2007年4月の閣議はこの方針を承認するとともに,2013年までに全国7778の自治体すべてに高齢者在宅福祉ボランティアを配置させる計画を決定した。事業立ち上げの2年間は中央政府が財政支援を行うが,その後は自治体の負担とすることとなった。しかし,計画は遅れ気味である。2011年時点で高齢者在宅福祉ボランティアの数は3万1272人で,56万8966人の高齢者を支援しているにすぎない。その後政府は,高齢者在宅福祉ボランティアの数を2020年までに10万人に増やす計画を発表した。なお,高齢者在宅福祉ボランティアの育成については,30バーツ医療制度の予防的サービス（PP）予算を用いて講習を実施するケースもある。高齢者在宅福祉ボランティアは保健ボランティアが兼任しているケースが多い。

　コミュニティにおける高齢者支援で中核的な役割を果たすものとして整備され始めているのが「コミュニティ高齢者支援センター」であり,これは,基礎自治体であるテーサバーンやタムボン自治体に設置される「中央統括センター」と,その統括下で実際のサービスを提供する「コミュニティ小規模センター」の2つからなる。

　「コミュニティ小規模センター」は,基本的に村落（ムーバーン）レベルで設置されるもので,民家,公民館,保健所などを活用し,基本的に高齢者在宅福祉ボランティアがサービスの供給者となることが想定されている。高齢者在宅福祉ボランティアには月600バーツの手当が支給される。簡単にいえば,元気な高齢者（高齢者在宅福祉ボランティア）が支援を必要とする高齢者を助けるという性格を持つ仕組みであるが,元気な高齢者もいずれ助けが必要になるというわば互酬性原理に基づく,無償に近い労働に依存した制度が意図されているといえよう。

　そこで図表5-2によって,「コミュニティ小規模センター」で提供されるサービスをみておこう。

　まず,60歳以上の高齢者は,第1グループ（日常生活動作が自身でできる）,第2グループ（ある程度自身で日常生活動作ができるが,場合によって介助が必要とな

図表5-2　コミュニティ小規模センターが提供するサービスと高齢者の分類

サービス	対象グループ
介護者のいない要介護者の支援・介護	3
デイサービス	2,3
ショートステイ	2,3
高齢者向けの諸活動	1,2,3
訪問サービス	1,2,3

第3グループ
自身で日常生活動作ができないため介助が必要

第2グループ
ある程度自身で日常生活動作ができるが，場合によって介助が必要となる

第1グループ
日常生活動作が自身でできる

出所：社会開発・人間の安全保障省資料をもとに，筆者作成。

る），第3グループ（自身で日常生活動作ができないため介助が必要）の3つに分けられる。

提供されるサービスは，①介護者のいない要介護者の支援・介護，②デイサービス，③ショートステイ，④趣味やリハビリなどの高齢者向け諸活動，⑤高齢者が希望する支援を在宅で行う訪問サービスの5つである。2つの組織（「中央統括センター」と「コミュニティ小規模センター」）が，3つのグループに対して5つのサービスを1週間休みなく提供するものであり，これを「2-3-5-7運動」と称して各自治体で普及を図っているところである。

単純な比較はできないが，「コミュニティ小規模センター」は，日本の「小規模多機能型居宅介護施設」のイメージで捉えるとよい。「小規模多機能型居宅介護施設」とは，「通い」を中心として，要介護者の様態や希望に応じて，随時「訪問」や「泊まり」を組み合わせて提供することで，中重度となっても在宅で生活が継続できるようにするという考え方のもとにつくられたものである。

タイの仕組みの外形的特徴を日本との比較で整理しておくならば，サービス形態としては「小規模多機能型居宅介護」に近いが，ファイナンスとサービス

供給については，介護保険と介護専門職に対して，高齢者在宅福祉ボランティアの無償に近い労働が想定されているといえよう。

しかし，はたして無償に近い労働に依存した制度でどの程度のサービスが期待できるのか，介護において過誤が発生した場合，ボランティアにどの程度まで責任を課すことができるのか，看護師等の専門職の数が足りないなかでどこまで緊急時の対応が可能なのか，農村という顔見知り社会の中で，そもそもボランティアが介護というパーソナルな領域にまで入り込んでいくことが可能なのかなどといった課題が存在している。

|児童福祉| 次に，児童福祉についてみておこう。まず，施設サービスについては，乳児福祉施設8か所，児童福祉施設15か所，職業訓練施設1か所，児童更生施設4か所，被虐待児童や人身売買被害を受けた児童を一時収容するシェルター76か所などがある。

次に児童手当等についてである。社会保障基金（後述）に加入している労働者については，6歳未満の児童1人につき月額350バーツの児童手当を受給することができる（ただし2名が限度）。困窮家庭については，児童1人，1回につき2000バーツ（2人以上の場合は3000バーツ）を受給することができる。また，児童施設に入居する児童などを一般家庭で一時的に預かる里親制度がある。その里親家庭が困窮状態にある場合は，養育費として月額2000バーツ未満の手当，月額500バーツ未満の生活必需品が支給される。さらに2人以上を養育する場合，養育費として月額4000バーツ未満の手当，月額1000バーツ未満の生活必需品が支給される。また，養子縁組（外国人によるものを含む）を支援する制度がある。

4　医療保障の現状

|3つの制度| 国民皆保険（医療サービス供給の普遍化）の存在を福祉国家の重要指標のひとつに用いるなら，近年タイが福祉国家的指向を示していると考えることができる。タイでは，公務員・国営企業労働者医療保障（CSMBS，財務省管轄で税方式を採用）に加え，2002年に全民間事業所

が社会保障基金（SSS，労働省管轄で社会保険方式を採用）に強制加入となったことで，職域部門で皆保険が実現し，加えて2002年の30バーツ医療制度（UC，国民健康保障事務局管轄で税方式を採用）の導入により地域医療保障が確立し，ここに国民皆医療保障が実現したとされる。

　そこでまず，タイの医療保障における3つの主要制度，すなわち公務員・国営企業労働者医療保障制度，社会保障基金，30バーツ医療制度の特徴をみておこう。財源であるが，社会保障基金は政労使の拠出（給与の1.5％ずつ）による保険料負担であるが，公務員・国営企業労働者医療保障制度と30バーツ医療制度は税となる。3つの制度を比較すると，対象人口の不均等と1人当たり支出の不均等が顕著であることがわかる。すなわち，30バーツ医療制度が4845万人を対象としているのに対し，公務員・国営企業労働者医療保障制度と社会保障基金はそれぞれ約500万人，約1000万人を占めているにすぎない。ちなみに，30バーツ医療制度は実質的に給与所得者以外を対象とし，農民や自営業者に加えて，民間事業所を退職した高齢者等が加わる制度設計になっているのが特徴である。次に1人当たり支出の不均等について，公務員・国営企業労働者医療保障制度は，公務員，契約雇員，さらにその家族も給付対象となるが，その1人当たり支出は1万1000バーツと30バーツ医療制度の2755.6バーツのほぼ4倍となっており，必然的に医療サービスの制度間格差が生じる結果となっている。このように公務員・国営企業労働者医療保障制度の給付水準は極めて高く，しばしばその濫診濫療，薬漬け医療が国民総医療費増加の主要な要因のひとつとして捉えられてきた。30バーツ医療制度と社会保障基金は年間の1人当たり医療費をあらかじめ定めた人頭割予算（capitation）を採用しているため，医療費を枠内に収めることができるのに対し，公務員・国営企業労働者医療保障制度は出来高払い制をとっているため医療費が青天井的に増加するリスクがある点がその背景にある。

| 30バーツ医療制度のサービス | そこで，総人口の7割を対象とする30バーツ医療制度について少し詳しくみておこう。タイでは2002年以降，公的扶 |

助としての低所得者医療扶助制度，および任意保険である健康カード・スキームを廃止し，あらたに低所得者医療扶助制度の対象者2000万人，健康カード・

スキームの対象者700〜800万人に，無保険者1550万人を加えた人口をカバーする地域医療保障である30バーツ医療制度を導入した。この制度では，1回30バーツの手数料で，疾病の診断・治療（心臓病などの高額治療や伝統治療営業法に定める伝統医療を含む），出産（2回以内），入院患者向けの食費および室料，歯科治療，国家基本薬剤リストに沿った薬剤，医療機関間のリファーラル（送致）などのサービスがカバーされることになっている。加入者は，手数料以外の負担はない。また，この制度は前述のように税方式を採用しているが，基本的に医療費のみを給付する社会保障基金の制度と異なり，疾病予防や健康増進に対する予算配分がなされているのが特徴である。

人頭割予算つまり年間の1人当たり医療費であるが，30バーツ医療制度を管轄する国民健康保障事務局と首相府予算局の折衝によりこの額が決まる。以下，2002年以降の1人当たり医療費の変化をみておこう（図表5-3）。首相府予算局が決定した同制度の1人当たり予算の推移をみると，2005年度あたりまでは首相府予算局の極めて厳格な財政規律によって抑制されていたが，2006年度以降，伸びが著しくなっている。特に，2006年9月19日のクーデタ後の2007年度

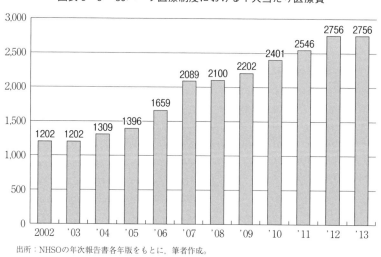

図表5-3　30バーツ医療制度における1人当たり医療費

出所：NHSOの年次報告書各年版をもとに，筆者作成。

は2089バーツであり，前年度よりも一気に400バーツあまり引き上げられている。

さらに，2006年9月のクーデタ後に成立したスラユット政権は，クーデタ後2か月にして診療1回当たり30バーツの手数料を廃止し，対立していたタクシン首相の政策的目玉である30バーツ医療制度を廃止するのではなく，むしろそれを強化した点が注目される。また，2009年度の人頭割予算は1人当たり2202バーツであったが，2010年度には200バーツ近く上昇して2401バーツとなった。そして，2011年度に2546.5バーツに，2012年度にさらに200バーツ加算されて2755.6バーツになったものの，2013年度については前年並みに据え置かれている。また，2012年度から診療1回当たり30バーツの手数料が復活した。したがって，30バーツ医療制度の財政基盤の持続性について再検討すべき時期にさしかかっているといえるのかもしれない。

30バーツ医療制度の特徴　30バーツ医療制度の特徴としては，①コミュニティ病院と保健所の関係性の強化，②サービスの購入者と供給者の分離，③マッチング・ファンドを活用した疾病予防やリハビリ・介護，の3つがある。以下，順番にみていこう。

図表5-4にみるように，この制度のもとでは，郡レベルのコミュニティ病院の下にタムボン（行政区）・レベルの単数・複数の保健所（PCU）がぶら下がる格好になっている。保健所には看護師，助産婦，事務職員が常駐して保健・公衆衛生サービス，初歩的な治療や薬の処方を行う。保健所での処置が困難で，医師による医療行為が必要な場合に保健所からリファー（送致）されるのがコミュニティ病院である。いずれも国立の医療機関である。登録人口分の人頭割予算がコミュニティ病院（CUP）から保健所へ配分されるが，これを梃子にしながらコミュニティ病院と保健所の関係性を固定化するとともに，コミュニティ病院常駐の家庭医・総合医による持続的かつきめの細かい診療を確保することが目指されるのである。すでに述べたように，30バーツ医療制度は全体としての総枠予算制を通じた医療費抑制策を特徴としているが，さらに地域レベルでの疾病予防という長期的な医療費抑制策をも制度化している。すなわち，コミュニティ内における疾病予防の徹底を通じた上位階梯への患者送致の管

図表 5-4　30バーツ医療制度（UC）の制度設計

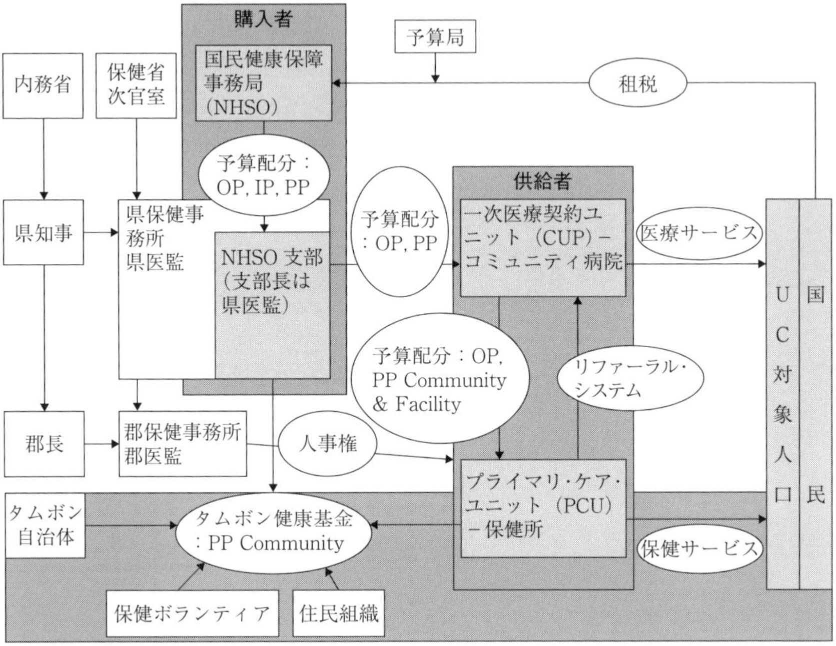

出所：河森（2009）131頁。

理，つまり「ゲートキーパー」の役割をコミュニティ病院に負わせることとなったのである。30バーツ医療制度では，コミュニティ病院の病院長（CEO）に一定の制限のもとで経営が任せられるが，経営資源の使用についての裁量権を広げる代わりに，成果による統制（Management by Results：MbR）を行うという，いわば新自由主義的なマネジメント手法がそこに埋め込まれているのである。他方，保健所に対しては，ファミリー・フォルダーの作成や保健師による家庭訪問などの実績をスコア化し，その評価が予算配分に反映されるのである。

　ここで30バーツ医療制度の予算フローについて補足しておくと，30バーツ医療制度における1人当たりの医療費予算は，①外来患者サービス（OP），②入院患者サービス（IP），③予防的サービス（PP），④事故・急患サービス（AE），⑤高額医療サービス（HC），⑥緊急医療サービス（EMS），⑦報酬加算的投資予

算，⑧僻地加算，⑨医療過誤について定めた国民健康保障法第41条に基づく一時見舞金などから成っており，例えば2013年時点での1人当たりの予算額はすでに述べたように2755.6バーツである。国民健康保障事務局から各支部へは，登録人口分の予算が下りてくるが，具体的には①外来患者サービス，②入院患者サービス，③予防的サービスなどがここに含まれ，その他は中央に留め置かれる。各支部に下りてくる予算の中には医療機関職員の給与が含まれている。支部管轄地域の年齢構造や特殊事情によって予算配分の補正がなされている。さらに，各支部での運用であるが，ここでは分離的人頭配分，すなわち①外来患者サービスと②入院患者サービスを分離する方式が採用され，登録人口分の①外来患者サービスの予算と③予防的サービスの予算がコミュニティ病院に配分される。この予算は2か月ごとに配分される。他方，②入院患者サービスの予算は支部レベルで「総額予算方式による診断群別分類（DRG with global budget）」により管理される。

　次に，2つ目の特徴である30バーツ医療制度における「購入者」と「供給者」の分離をみておこう。図表5-4にあるように，30バーツ医療制度の導入とともに，国民への医療サービス提供において，「購入者」（具体的には国民健康保障事務局）と「供給者」（具体的には主として国立医療機関）が分離された。教育や医療といった公共部門を「購入者」と「供給者」に分離していわゆる「内部（擬似）市場」を創設することで供給者間に競争状態をもたらし，このことによって消費者の選択肢を広げようとする試みは，イギリスの「NHS（National Health Service）＆コミュニティケア法」を嚆矢とする。現在，30バーツ医療制度では国民が掛かりつけ医療機関を一定範囲内で選択することが規定上可能である。すなわち，住民登録のある郡ないしタムボンにある医療機関，隣接する郡ないしタムボンにある医療機関，現住地の郡ないしタムボンにある医療機関から選択することができる。しかしながら，非効率的でニーズへの応答性にかけた公的部門を分権化（購入者と供給者に分離）し，市場に類似した競争状態をつくるといった先進国での試みをタイに適用して効果を期待するのはまだ早いといえるかもしれない。とりわけ農村部で競争状態を創出することは極めて困難である。というのも，農村部では供給者すなわち医療機関が極めて少ない，ないし

は不足している状態にあり，サービスが不良なプレーヤーを退場させることが困難であるからである。

　さらに，3つ目の特徴である，地域レベルにおける健康増進やリハビリ・介護の財政的・組織的基盤として構想された「タムボン健康基金」をみておこう。これは，国民健康保障事務局，自治体および住民の三者の拠出によって運営されるマッチング・ファンドである。国民健康保障事務局支出分の原資は，30バーツ医療制度の予算細目のうちの「コミュニティ内予防的サービス（PP Community）」予算である。この「タムボン健康基金」を財源として，保健ボランティアが生活習慣病のリスク人口に対する保健指導をしたり（1次予防），障害者や要介護高齢者向けのリハビリや介護（3次予防）を行うことが可能である。

5　年金保障の現状

フォーマル・セクター（公務員）　1951年に「公務員年金法」が施行されて以降，国家公務員および地方公務員は，税を財源とする無拠出の年金を受給してきた。一方，年金財政を安定化させる目的から，政府は1996年に「公務員年金基金法」を制定した。現在，「公務員年金法」のもとで存在していた全額税を財源とする給付体系と，「公務員年金基金法」のもとでの保険料を財源とする給付体系が併存するかたちになっている（図表5-5）。「公務員年金基金法」の成立に伴い，同法が施行された1997年3月27日以降に採用された者は「公務員年金基金（Ko.Bo.Kho.）」に強制加入となったが，それより前に採用された者については「公務員年金法」に基づく受給，もしくは公務員年金基金への加入を通じた受給を選択することになった。公務員年金基金については，本人と使用者（政府）が3％ずつ保険料を負担する。公務員年金基金の加入者は，2010年時点で115万6246人である。

　まず「公務員年金法」に基づく受給を選択した者への給付であるが，退職一時金もしくは年金を選択することができる。例えば勤続年数25年以上で定年を迎えた場合で，退職一時金を選択した者は，最終月の月額給与に勤続年数を乗

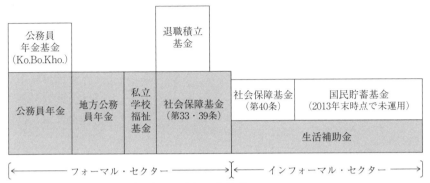

図表5-5　タイにおける年金制度の構造

出所：Wiphan Prachuapmo *ed.*（2012）p.74をもとに，筆者加筆。

じた額を受け取ることができる。年金を選択した者は，最終月の月額給与に勤続年数を乗じた額を50で除した額を受け取ることができる。

「公務員年金基金法」施行後に採用された者，および同法施行より前に採用され，かつ同基金への加入を希望した者も退職一時金もしくは年金を選択することができる。勤続年数25年以上で定年を迎えた場合で，退職一時金を選択した者は，最終月の月額給与に勤続年数を乗じた額に，本人と使用者（政府）が積み立てた保険料および運用益を加えたものを受け取ることができる。年金を選択した者は，定年前60か月の平均月額給与に勤続年数を乗じた額を50で除した額（ただし，退職前60か月の平均月額給与の70％を超えない額）に，本人と使用者（政府）が積み立てた保険料および運用益等を加えたものを受け取ることができる。

フォーマル・セクター（民間被雇用者）　1985年のプラザ合意（円高ドル安への為替調整）を契機とするタイへの直接投資増加，企業業績の好調，政府の税収増などの要因を背景に，1990年に「社会保障法」が成立した。これにより，労働災害等に限定されていた社会保障給付が，傷病，出産，障害，死亡にまで拡大されることになった。その適用範囲であるが，当初は従業員20人以上の事業所であったが，その後1993年に10人以上，2002年に1人以上の事業所に拡大された。給付内容については，1998年に老齢給付（年金），児童手当が，また2004

年に失業手当が付加された。なお,「社会保障法」の第33条が適用される,現役労働者を対象とするもの（強制加入）と,同第39条が適用される,退職者を対象とするもの（任意加入）の２つがある。

まず第33条による給付であるが,労働災害,傷病,出産,障害,死亡,児童手当,老齢給付,失業給付が保障される。本人が支払う保険料率は省令によって改訂されるが,2009年段階で給与（上限１万5000バーツ）の５％,2011年段階で4.5％になった。政府の支払う保険料率,事業所が支払う保険料率は,2009年段階でそれぞれ５％,2.75％であったが,2011年にそれぞれ4.5％,2.5％に引き下げられた。満55歳に達し,かつ保険料の納付期間が合計180か月以上となった場合に老齢給付（年金）を受給する権利が発生する。給付率については,退職前60か月の平均給与の20％であるが,算定にあたっては月額給与１万5000バーツを上限とする。なお,本人が保険料を180か月以上納付した場合,給付率は12か月につき1.5％加算される。保険料の納付が12か月以上180か月未満の場合は本人と雇用主の保険料相当額が一時金として支払われる。12か月未満の場合は本人の保険料相当額のみが一時金として支払われる。第33条による給付に加えて,第39条による給付もある。これは退職後も社会保障基金への加入を希望する者を対象とする。その場合,すでに12か月以上にわたって保険料を納付している必要があり,退職後６か月以内に申請しなければならない。保険料は月額432バーツで,労働災害,傷病,出産,障害,死亡給付,および老齢給付を受けることができる。

民間被雇用者については,１階部分の第33条による給付に加えて,２階部分の「退職積立基金（プロビデントファンド）」（任意加入）による給付が準備されている。本人は給与の２％以上,15％未満を月々積み立て,これに雇用主の負担金（本人の積立金を下回らない額）が加わることになっている。加入者は2011年時点で231万6771人である。

インフォーマル・セクター（農民,自営業者等） 1993年に政府（内務省社会福祉局）は,60歳以上の貧困者を対象に月額200バーツの生活扶助金の支給を開始した。さらにその額は2000年に月額300バーツ,2007年に月額500バーツに引き上げられた。その後2009年になって,公務員年金受給者や公務員給与を受けている者を

除くすべての60歳以上の高齢者に月額500バーツの生活補助金が支給されることになった。さらに2012年以降，60～69歳の高齢者の場合は月額600バーツ，70～79歳の場合は月額700バーツ，80～89歳の場合は月額800バーツ，90歳以上の場合は月額1000バーツが支給されることになった。

インフォーマル・セクターについては，「社会保障法」の第40条による給付を受けることも可能である。これは任意加入で，2つの形態がある。1つは本人が月額70バーツの保険料を納付し，政府がこれに30バーツを補塡するもので，労働災害，傷病，死亡の際に給付を受けることができる。もう1つは本人が月額100バーツの保険料を納付し，政府がこれに50バーツを補塡するもので，労働災害，傷病，死亡，老齢給付を受けることができる。老齢給付については60歳時に一時金として支払われる。給付額は，保険料の総額に所定の付加金等を加えたものが給付される。

「社会保障法」の第40条による給付は老齢一時金の形態をとるものであり年金ではないが，それを補完するために政府は2011年5月に「国民貯蓄基金法」を制定し，保険料に基づく貯蓄制度を設置することとした。「国民貯蓄基金」への加入の条件は，15歳以上60歳未満で，社会保障基金，公務員年金基金など他の基金の加入者でないことなどである。保険料は月額50バーツ以上で，年齢段階に応じて一定額の政府の付加金が補塡される。給付月額は，本人が納付した保険料および政府の付加金の総額に運用益を加味した額により算定される。ただし，2013年になって財務省は，「国民貯蓄基金」による給付が「社会保障法」第40条による給付と重複しているとの理由から，「国民貯蓄基金」への加入者の募集を棚上げしている。

さらに，以上を補う目的で，中央政府，自治体，住民の三者の拠出によるマッチング・ファンドである「コミュニティ福祉基金」が各地で設立され始めている。年金以外に，出産，教育，傷病，生業維持，職業訓練といった項目もカバーし，基金の認可や指導は社会開発・人間の安全保障省傘下の「コミュニティ組織開発研究所（CODI）」が行うこととなっている。

6　今後の社会保障制度の課題

　以上，タイの社会保障制度においてこれまで何が達成されたのかを確認してきた。最後に，今後何が課題となってくるのかをみておこう。中心的な課題は，中国などと同様，タイにも社会保障制度における都市・農村格差が存在することである。

　まず医療保障について。タイでは2002年に，それまでの公務員・国営企業労働者医療保障制度や民間事業所従業員を対象とする社会保障基金に加えて，農民や自営業者を対象とする30バーツ医療制度が導入され，ここに国民皆保険が成立した。都市部を中心とする民間事業所従業員対象の健康保険制度の成立から，国民皆保険の達成までに要した期間（双方とも法律が成立した時点をとる）を国際比較すると，ドイツ127年（1854～1981），日本36年（1922～1958），韓国26年（1963～1989），タイ12年（1990～2002）であり，タイは極めて短期間で皆保険を達成したことがわかる。ちなみに，皆保険達成時における第1次産業従事者の割合は，日本が32％，タイが46％であった（『ILO労働統計年鑑』）。日本は，欧米に比べて農民の近代雇用部門への吸収が比較的低位な段階で皆保険を達成したが，タイは日本よりもさらにそれが低位の段階で皆保険を実現した。

　しかし，所得水準の低い段階で高齢化が進み，かつ農村部でこの高齢化問題が先鋭的に現れるとすれば，制度の持続性に疑問が残る。不安定要因は2つある。第1に，30バーツ医療制度は給与所得者以外を対象としているが，疾病リスクの高い低所得者に加えて退職高齢者が流入するという制度設計になっていること，第2に，民間事業所従業員の被扶養者（妻や子）を，30バーツ医療制度から社会保障基金へと移しかえようという動きがある中で，健康保険制度の統合はさらに遠のき，30バーツ医療制度は事実上，農民，インフォーマル・セクターを中心とする低所得者向けの医療扶助制度になる可能性があることである。言い換えれば，収入が比較的高く，かつ疾病リスクが相対的に低い人口を対象とする社会保障基金と，収入が比較的低く，かつ疾病リスクが相対的に高い人口を対象とする30バーツ医療制度という二極構造ができてくるのである。

高齢者介護の分野や年金制度についても都市・農村格差が存在する。例えば，高齢者介護について政府は，家族やコミュニティを背後から支えるという役回りに徹する方針である。しかし，タイで最も収入が低く，人口の流出が顕著な東北部では独居の要介護高齢者の存在が顕著になってきている。ボランティアを募るのにも困難が伴う状況になっている。また，農村部といえども，老後の所得保障制度すなわち600バーツから1000バーツの生活補助金では十分ではない。また，「社会保障法」の第40条などによる給付もそれほど普及していない。

　政治の論理が，ハコモノを中心とする地元へのアドホックな利益誘導から，それまで政治主体として認知されてこなかった「排除された多数者」，すなわち農民等に対する生活保障と能力強化へと変化したのは2000年代に入ってからである。これは，近年の「人間開発」や「人間の安全保障」といった国際的な動きと軌を一にするものでもある。こうした「排除された多数者」への配慮は，タクシン政権，スラユット政権，アピシット政権へと移行する中で，むしろ強化され，政治的正当性の中心的位置を占めるに至っている。スラユット政権は「排除しない社会」を提唱したし，アピシット政権は，高齢者および身体障害者の生活補助金受給に際しての資力調査と所得制限を撤廃するなど，福祉の「普遍主義」化が着実に進行しているようにみえる。

　しかし，こうした「普遍主義」化を持続的なものにするためには，順調な経済成長に伴う税の増収とともに，資産税の導入や税の捕捉の強化などによるタックス・ベースの拡大が前提となるが，その前途は多難である。政府は人口の高齢化に伴う財政負担増という足枷をかけられ，「普遍主義」をいつまで掲げ続けられるかわからない。結果的に政府は，補完性の原則にしたがって，人々を包摂するローカルなコミュニティを背後から支えるという役回りに徹することになる可能性が高い。こうした状況を補完するのが，すでに述べた「タムボン健康基金」や「コミュニティ福祉基金」といった，政府，自治体，住民の三者によるマッチング・ファンドであり，今後，これに高齢者在宅福祉ボランティア等のサービス供給者を組み合わせた形態が期待される。つまり，最低保障としての30バーツ医療制度や生活補助金に，この種のマッチング・ファンドを組み合わせるという構造である。しかしこの点についても課題は多い。分権化が

進行する中で，自治体や住民の財政能力に応じて医療福祉サービスの質に差が出てくる可能性があるのである。つまり，農村部の内部でサービスの格差が出てくる可能性があるのである。したがって，農村部における社会保障をいかに構想するかが今後の重要な課題となってくるのである。

【参考文献】

河森正人（2009）『タイの医療福祉制度改革』御茶の水書房

Samnak nayobai lae yutthasat krasuang satharanasuk（保健省政策戦略局）(2011) *Botbat phak rat phuea kan songsoem lae phatthana khunnaphap chiwit khon phikan*（障害者の生活の質向上における政府の役割）, Samnak nayobai lae yutthasat krasuang satharanasuk

Wiphan Prachuapmo *ed.*(2012)*Rai-ngan prachampi sathanakan phu sung ayu thai*（タイ高齢者の現状年次報告書）, Munnithi sathaban wichai lae phatthana phu sung ayu thai（タイ高齢者開発調査研究所財団） ほか

第6章

日　本

増田雅暢

1　日本の概要

|位　　置| 日本は，アジア大陸の東の端に位置し，東アジア諸国の一角をなす。周辺がすべて海に面した島国である。北海道，本州，四国，九州の4島を中心に，多くの島で構成されている。総面積は，37.8万平方キロメートル。中国やアメリカと比較をすると，小さな面積であるが，西欧諸国と比較をすると，日本よりも面積が多い国はフランス，スペインおよびスウェーデンしか存在しない。西欧諸国を基準にすれば，決して小さな面積の国とは言えない。

国土の約8割は山林であり，平野部は2割程度である。また，多くの火山が存在するほか，太平洋岸の海底で太平洋プレートや北アメリカプレート，フィリピン沖プレートが押し合うことから，その影響で地震が極めて多い。2011年3月11日に起きた東日本大震災は，大地震と巨大な津波により，約2万人の死者，約40万人の避難者，原子力発電所の被災など，多くの被害をもたらした。

気候は，最北部の北海道北部や最南部の沖縄県を除けば，四季の変化がはっきりした温暖な温帯気候に属する。

|人口と高齢化率の変化| 2010年の国勢調査によれば，日本の総人口は，1億2700万人である。人口の世界ランキングでは，中国やインド，アメリカ等に続いて第10位であり，世界約200か国の中で，人口大国である。

人口や高齢化率の変化は，政府に対して，社会保障制度の整備を促す要因のひとつとなる。

日本の総人口は、19世紀後半の明治維新後の近代国家の誕生後、急速に増加した。明治維新の時点では、3千人万台と推測されているが、1899（明治32年）には4340万人となった。初めて国勢調査が行われた1920（大正9）年では、5000万人となった。その後も増加し、第2次世界大戦前は、7000万人台となった。しかし、第2次世界大戦（日中戦争・太平洋戦争等）では、約310万人もの人命が失われ、人口減となった。

　第2次世界大戦後は、第1次ベビーブーム（1947～49年生まれの世代。年間約270万人誕生。合計特殊出生率は4を超える高い水準）を経て、急激に人口が増加した。1967（昭和42）年には、1億人を超えた。若い労働力人口の増加は、経済成長を支える原動力となった。中学卒業生が「金の卵」ともてはやされ、北海道・東北、九州等から、首都圏や近畿圏の会社、工場等に集団就職をした。人口の社会移動が活発となり、都市部における過密問題と、農業山間地域における過疎問題が起きた。後述するとおり、1950年代中頃から、日本の高度成長が始まり、経済発展と人口増の両面を背景に、社会保障制度の整備が進められていった。

　当時の厚生白書（現在は、厚生労働白書）をみると、日本社会は人口増の圧力に耐えることができるのか、といった問題意識で論じられている。現在の少子化社会と比較をすると隔世の感があるが、当時は、子ども数が多いことが家族の貧困要因のひとつと認識され、「少なく生んで、大事に育てる」ために、出産数を抑制する家族計画が推奨された。1952（昭和27）年には、合計特殊出生率は2台となり、その後、1970年代後半まで2台が続いた。70年代前半には、第2次ベビーブーム（1971～74年生まれの世代。年間約200万人誕生）が起きた。

　しかし、その後は、長期的に合計特殊出生率の低下が続くこととなった。1990（平成2）年には、「1.57ショック」（前年の1989年の合計特殊出生率が1.57と、丙午（ひのえうま）の迷信により異常に低水準であった1966年の1.58を下回り、戦後最低となったこと）という事態が生じ、政府や社会の少子化問題に対する関心が高まった。政府は、1990年代中頃から、少子化対策に取り組み始めたが、出生率の低下に歯止めをかけることができなかった。合計特殊出生率は、2005（平成17）年に1.26と最低値を記録した。近年は、若干持ち直している（2013（平成

25）年では1.43）ものの，年間出生数は100万人台となり，まもなく100万人台を割り込むと予想されている。

　一方，日本人の平均寿命（ゼロ歳児の平均余命）は，明治，大正期を通じて低水準にあったが，昭和期に入ると延び始めた。第2次世界大戦後は，公衆衛生や栄養水準の向上，医療供給体制や公的医療保険制度の整備等によって，日本人の平均寿命は，急激に延びた。

　1947（昭和22）年には，男性46.9年，女性49.6年と，「人生50年時代」であった。その後，女性は，1950（昭和25）年に60年を超え，1960（昭和35）年に70年，1984（昭和59）年に80年を超えた。男性は，女性に比べて遅れているものの，1951（昭和26）年に60年を超え，1971（昭和46）年に70年，1986（昭和61）年には75年を超えた。1980年代中頃から「人生80年時代」と呼ばれるようになり，男女とも世界トップクラスの長寿国となった。2013（平成25）年では，男性80.2年，女性86.6年となっており，「人生85年時代」となっている。

　出生率の低下や出生数の減少という少子化と平均寿命の伸長は，日本社会の高齢化を加速していく。第2次世界大戦直後の高齢化率（総人口に占める65歳以上人口の割合）は，1950（昭和25）年時点で4.9％であった。高齢化社会の基準となる7％を超えたのは，1970（昭和45）年であった。20年にわたって低水準であったのは，第1次ベビーブームや，その後の合計特殊出生率が2台と比較的高い水準のあったことによる。

　しかし，1980年代頃から，高齢化率は急上昇していく。高齢社会の基準となる14％を超えたのは，1994（平成6）年であった。7％から14％に至る期間を，人口学的には倍化年数といい，この長さが社会の高齢化のスピードを示す。日本の場合，倍化年数は24年と，主な西欧諸国が50年から130年の期間をかけて高齢社会となったことと比較をすると，高齢化のスピードは際立っている。

　その後も高齢化率は上昇しており，2005（平成17）年には20％を超え，2013（平成25）年10月1日現在の推計では25.0％と，世界最高水準の高齢化率となっている。4人に1人が65歳以上，9人に1人が75歳以上である。高齢比率が10％を超えた頃の『昭和61年版　厚生白書』では，総人口の4人に1人が高齢者である社会を「超高齢社会」と呼んだが，まさに現在「超高齢社会」に突入して

いる。高齢者人口は，最近の20年間で倍増して3190万人（2013年）となっており，3千万人台の時代となった。

社会保障制度は，年金，医療，介護と，高齢者と極めて関係が深い分野が多いため，1980年代頃から，高齢社会における社会保障制度のあり方が政策課題となった。本格的な高齢社会を見据えて，給付と負担の公平や，制度の持続可能性等の観点から，必要な制度改正が何度も行われながら，現在に至っている。

国立社会保障・人口問題研究所の推計によれば，今後も高齢化は進行する。第1次ベビーブーム世代のすべてが2015（平成27）年には65歳以上人口となることから，高齢者数，高齢化率とも上昇する。2020年には29.1％，2030年には31.6％，2050年には38.8％と，40％近い水準となる。

また，日本の人口は，2013年10月1日現在，1億2500万人である（総務省推計人口）。これはこれまでの日本の歴史で，ほぼピークの数字である。少子化が進行する一方で，高齢者の死亡数が増大していることから，2010年頃から，日本は自然減（出生数よりも死亡数が多いことによる人口減）となり，総人口が減少する人口減少社会の状況が顕著となっている。すでに，2013年10月1日現在で，前年よりも25万人の減少と推計されている。国立社会保障・人口問題研究所の推計によれば，総人口は長期的な減少傾向となり，2030年には1億1600万人，2040年には1億730万人となり，1億人を割り込んで，2050年には9700万人になるとされている。

日本の高齢化の特徴は，高齢化の進行が急速なこと，高齢者人口の規模が西欧諸国と比較して大きいこと，人口減少下で進行すること，将来の水準が極めて高い予測となっていること，が挙げられる。

このように，日本の社会保障制度の今後を考察するためには，世界に例をみない人口高齢化と本格的な少子高齢社会への到来を念頭に置かなければならない。

| 政治・経済状況 | 日本の政治体制は，国民主権のもとで，衆議院および参議院の2院制であり，両院の国会議員の選挙により首相が選出される議院内閣制をとっている。この点では，先進国の中ではイギリスの政治体制に似ている。

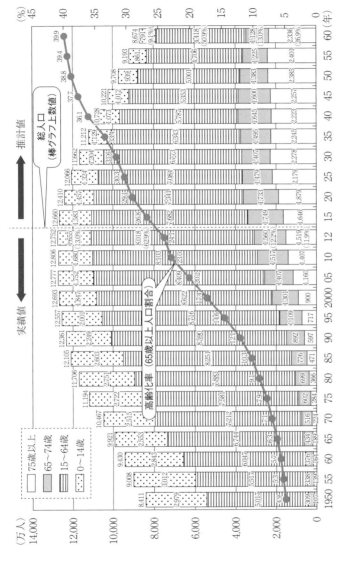

図表6-1 高齢化の推移と将来推計

注：1950年～2010年の総数は年齢不詳を含む。高齢化率の算出には分母から年齢不詳を除いている。
資料：2010年までは総務省「国勢調査」、2012年は総務省「人口推計」（平成24年10月1日現在）、2015年以降は国立社会保障・人口問題研究所「日本の将来推計人口（平成24年1月推計）」の出生中位・死亡中位仮定による推計結果。
出所：「平成25年版 高齢社会白書」（内閣府）。

第6章 日本

1950年代中頃から，与党は自由民主党（自民党），野党は社会党，首相は自民党から選出という「55年体制」（1955年にこうした体制が成立したところから来る命名）が続いた。しかし，80年代頃から，多党化傾向が顕著となり，90年代前半からは連立内閣が常態となった。1993年に，47年ぶりに自民党以外の党から首相が選出され，「非自民連立政権」が誕生した。「55年体制」は終焉を迎えた。1994年には，自民党と社会党が連立政権を構成し，49年ぶりに社会党の首相が誕生した。その後，再び自民党から首相が選出され連立政権が続いたが，2009年には，「政権交代」のスローガンのもとに，総選挙で民主党が大勝，自民党を野党に追い込んだ民主党内閣が誕生した。しかし，2012年の総選挙では，逆に自民党が大勝。再び，自民党から選出された首相による連立内閣が政権を担当している。

　このように90年代以降，目まぐるしく政権が代わっており，1990年から2014年までの25年間に，首相が15人も誕生している。[1]こうした政権の頻繁な交代は，政治を不安定なものとし，社会保障政策の立案・実施等にも影響を与えている。

　地方行政機関は，都道府県（全国で47）と市町村（同1550）である。首長，議会議員とも住民の直接選挙で選出される。人口規模が特に大きい市は，政令指定都市（全国で20）あるいは中核市に指定される。社会福祉分野では，都道府県とほぼ同様の権限を有する。また，1990年代から「地方分権」の理念のもと，国の行政権や補助金の地方自治体への委譲が進められている。

　経済面では，日本は，GDP（国内総生産）の規模が，アメリカ，中国に次いで世界第3位の「経済大国」である。

　第2次世界大戦後, 1950年代半ばから70年代前半まで続いた「高度経済成長」により，日本の経済規模は飛躍的に大きくなった。石油や鉄鉱石等の資源を外国から輸入し，国内において製品を製造して外国に輸出する加工貿易であり，輸出の中心産物は，当初は，繊維製品であったが，やがて製鉄や自動車，電化製品等の重化学製品となった。世界的に有名な企業が数多く誕生した。1960年代末には，GNP（国民総生産）がドイツを抜いて，アメリカ，ソ連に次いで，世界第3位となった。この頃から「経済大国日本」という言葉が使われるようになった。1980年代には，「バブル景気」と呼ばれるくらいに景気が過熱した。

しかし，1990年代以降，「バブル景気」終焉による金融機関の不良債権問題やアメリカのIT技術の進化による製造業の変化，中国・韓国等の他のアジア諸国の経済成長による日本企業の競争力の低下等から，「失われた20年」と呼ばれるような低成長経済が続いている。経済低迷による税収の減少に対応するために国際収入に依存するようになり，その結果，国の財政は，歳入面では約50％が国債収入となるほか，GDPの約2倍の長期債務残高を抱えるほどに悪化している。

第2次世界大戦後の社会保障制度の変化

第2次世界大戦における敗戦により，日本は，1952（昭和27）年まで連合国の占領下に置かれた。GHQ（連合国軍最高司令官総司令部。最高司令官は，アメリカのマッカーサー元帥）の強力な指導のもとに，戦前の軍国主義体制が解体され，民主国家の建設を目指して，新憲法（日本国憲法）の制定，農地改革，教育改革，財閥解体，女性の参政権を認めたうえでの総選挙の実施等，様々な改革が行われた。GHQの指導は，社会保障制度全般にも及んだ。

戦後の社会保障制度の構築の方向性に影響を与えたものとしては，日本国憲法と社会保障制度審議会勧告，福祉国家建設を目指す政治を挙げることができる。明治期に制定された大日本帝国憲法に代わって新たに制定された日本国憲法では，第25条において，国民の生存権の保障と社会保障制度の整備に関する国の責務を明確にした。第25条第1項においては，「すべて国民は，健康で文化的な最低限度の生活を営む権利を有する」と規定され，同条第2項において「国は，すべての生活部面について，社会福祉，社会保障及び公衆衛生の向上及び増進に努めなければならない」と規定された。日本で制定される社会保障制度関係の法律は，一般的に憲法第25条の規定を法源としている。

社会保障制度審議会は，総理大臣に対して社会保障制度関係の答申を行う審議会として設置されたものである。1950（昭和25）年，「社会保障制度に関する勧告」を答申し，戦後の日本の社会保障制度の構築の方向性と具体的な制度案を提案した。この答申の内容は，イギリスのベヴァリッジ報告の影響を受けており，例えば，失業対策と老後の所得保障を行うものして，全国民が加入する国民保険構想が提案された。

戦前の軍事優先の政治の反省もあり,「福祉国家」の建設が,与野党を問わず,政治の中心テーマとなった。戦後の厳しい財政状況の中で,社会保障制度の充実に充てる財源は限定されていたが,政治のスローガンとして,福祉の充実が第一に叫ばれた。

　第2次世界大戦後から今日に至るまでの日本の社会保障制度の変遷の歴史を整理すると,**図表6-2**のとおりである。5つに分けた時代区分に即して,日本の社会保障の歴史を概観する。

（1）戦後の緊急援護と基盤整備（1945年～55年頃）

　第2次世界大戦後から1955（昭和30）年頃までは,終戦後の混乱した社会における大勢の生活困窮者や戦災孤児,浮浪児,あるいは戦争による傷痍者に対する緊急援護が行われるとともに,社会保障制度の基盤整備が進められた時期である。生活保護法（1946年制定,1950年に憲法第25条の規定を踏まえて改正),児童福祉法（1947年制定),身体障害者福祉法（1949年制定）の「福祉三法」が定められた。さらに,社会福祉事業の定義や社会福祉法人制度を定め,戦後の社会福祉事業発展の基盤となった社会福祉事業法が制定された（1951年)。

　また,基盤整備の面では,公衆衛生行政や社会福祉行政を担う行政機関である保健所や福祉事務所に関する制度が整備された。地方自治法の制定や自治省の創設（1950年。現在は,総務省に統合されている）により,地方自治体の基盤整備も進められた。

（2）国民皆保険・皆年金と社会保障制度の発展（1955年頃～石油危機まで）

　朝鮮戦争による特需効果が引き金となって1955（昭和30）年頃から始まった大型景気により,日本は,本格的な経済成長過程に入った。以後,石油危機（オイルショック）に見舞われた1973（昭和48）年まで,世界に例をみないほど長期間にわたって高度経済成長を続けた。欧米先進国に「追い付き,追い越せ」と,政府も企業も国民も取り組んだ。この間,東京オリンピックの開催（1964年),東海道新幹線の開通（1964年),大阪万国博覧会の開催（1970年),札幌冬季オリンピックの開催（1972年）など,大行事が続いた。1960年代後半には,GNPがイギリス,ドイツ等を抜いて,アメリカ,ソ連に次ぐ第3の「経済大国」と呼ばれるようになった。政治的には,国会において自民党が常に過半数を占め,「55

図表6-2　わが国の社会保障制度の変遷（1945年以降）

時代区分	社会保障制度の主な変遷
○戦後の緊急援護と基盤整備 （1945～54年頃）	1946　（旧）生活保護法制定，日本国憲法公布 47　保健所法制定，児童福祉法制定 48　医療法，医師法，保健婦助産婦看護婦法制定 49　身体障害者福祉法制定 50　（新）生活保護法制定（福祉3法体制），精神衛生法制定，社会保障制度審議会勧告 51　社会福祉事業法制定 52　戦傷病者遺族等援護法制定
○国民皆保険・皆年金と社会保障制度の発展 （1955年頃～オイルショックまで）	1957　国民皆保険計画 58　国民健康保険法改正（国民皆保険） 59　国民年金法制定（国民皆年金） 60　精神薄弱者福祉法制定 61　国民皆保険・皆年金の実施，児童扶養手当法制定 62　社会保障制度審議会勧告 63　老人福祉法制定 64　母子福祉法制定（福祉6法体制） 70　心身障害者対策基本法制定，社会福祉施設緊急整備5か年計画 71　児童手当法制定 73　老人福祉法改正（老人医療費無料化），健康保険法改正（家族7割給付等），年金制度改正（給付水準の引上げ，物価スライドの導入等）（「福祉元年」）
○社会保障制度の見直し期 （70年代後半～80年代）	1981　母子及び寡婦福祉法（母子福祉法改正） 82　老人保健法（一部負担の導入，老人保健拠出金制度等） 84　健康保険法等改正（被保険者本人9割給付，退職者医療制度等） 85　年金制度改正（基礎年金導入等），医療法改正（地域医療計画の導入等） 86　国の補助金の臨時特例等に関する法律制定（国と地方の負担割合の見直し） 87　社会福祉士及び介護福祉士法制定，精神保健法制定（精神衛生法改正），老人保健法改正（老人保健施設等） 89　高齢者保健福祉推進十か年戦略（ゴールドプラン）策定
○少子高齢社会に対応した制度構築期 （90年代～2000年）	1990　老人福祉法福祉8法の改正（市町村中心の福祉サービス等） 91　老人保健法改正（老人訪問看護制度等） 93　障害者基本法制定（心身障害者対策基本法改正） 94　エンゼルプラン策定，新ゴールドプラン策定，年金制度改正（厚生年金定額部分の支給開始年齢の引上げ等） 95　社会保障制度審議会勧告，障害者プラン策定，高齢社会対策基本法制定，精神保健福祉法制定（精神保健法改正） 97　児童福祉法改正（保育所入所制度の改正等），健康保険法等改正（本人8割給付），介護保険法制定，特定非営利活動促進法制定，精神保健福祉士法制定 99　知的障害者福祉法制定（精神薄弱者福祉法改正），ゴールドプラン21策定，新エンゼルプラン策定 2000　介護保険制度施行，年金制度改正（給付と負担の見直し等），社会福祉法制定（社会福祉事業法改正），児童虐待防止法制定
○構造改革と社会保障改革 （2001年～現在）	2001　確定拠出年金法制定 02　健康保険法等改正（本人7割給付，老人保健制度の改正等） 03　少子化社会対策基本法制定 04　年金制度改正（給付と負担の見直し等） 05　介護保険法改正，障害者自立支援法制定 06　医療法改正，児童手当法改正（小学校6年生まで支給） 08　後期高齢者医療制度施行 10　子ども手当の実施 11　障害者基本法改正，介護保険法改正 12　障害者総合支援法，年金制度改正（被用者年金制度の一元化），子ども・子育て支援三法 13　社会保障改革プログラム法

筆者作成

年体制」のもと，自民党選出の首相・閣僚により安定した政権運営が行われた。

経済成長と歩調を合わせ，欧米先進国と同様に，国民の福祉増進の確保を重要な目的とする「福祉国家」を目標に掲げて，各種の法制度の整備が図られていった。昭和30年代に，国民健康保険法の改正や国民年金法の制定により，国民の誰もが何らかの公的医療保険および公的年金制度に加入する「国民皆保険・皆年金」が，1961（昭和36）年度から実施された。以後，国民皆保険・皆年金体制は，日本の社会保障制度の基本骨格となった。

さらに，この時期は，経済成長に伴う税収増に支えられて，社会保障制度の拡充や給付改善が活発に行われた時期であった。社会福祉分野では，老人福祉法の制定を始め，福祉関係の主要な法制度が整備され，「福祉六法」体制が確立した。生活保護制度の生活扶助基準の引上げや，年金制度における年金給付水準の引上げ，医療保険制度における給付率の引上げ等の給付改善が行われた。1973（昭和48）年度には老人医療費支給制度の創設により，老人医療費の自己負担が無料となった。ただし，この政策は，老人医療費の急騰をもたらし，次の時期に見直されることとなった。

（3）社会保障制度の見直し期（1970年代後半～80年代）

1973（昭和48）年秋の石油危機により，石油価格が高騰し，石油に依存していた日本の経済は，激しいインフレと経済不況に陥った。日本経済の高度成長は終焉を迎え，安定成長時代に入った。税収の落ち込み等から国の財政状態が悪化し，国の行財政改革が大きな政治課題となった。他の先進諸国でも，財政の悪化等から社会保障制度の見直し期に入り，「福祉国家の危機」と呼ばれた。

この時期の代表的な制度改革としては，老人医療費の一部負担の導入や老人医療費を各医療保険制度で公平に負担することを目的とする老人保健制度の創設（1982年）があった。医療保険制度についても，従来無料であった被保険者本人に対して1割の患者負担を導入する健康保険法等の一部改正（1984年）があった。年金制度については，従来職域ごとに分立していた制度を見直し，全国民共通の基礎年金制度が導入された（1985年）。

（4）少子高齢社会に対応した制度構築（1990年代～2000年）

1990年代では，主として，少子高齢社会に対応した社会保障制度の構築が行

われた。急速に進む社会の高齢化に対応して，高齢者介護問題が大きな社会的課題となった。政府は，1990（平成2）年度から，高齢者保健福祉推進十か年戦略（ゴールドプラン）を実施し，1999（平成11）年度までの10年間に，在宅サービスや施設サービスの整備を計画的に進めることとなった。また，90年代中頃から，介護保険制度の検討が始まり，1997（平成9）年，介護保険法が制定された。

　少子化問題については，1970年代中頃の「第2次ベビーブーム」のあと，出生率・出生数の低下傾向が続き，1989（平成元）年の合計特殊出生率が過去最低を記録した「1.57ショック」を経て，政府は対策に着手するようになった。エンゼルプラン（1994年）および新エンゼルプラン（1999年）の策定・実施により，保育所の入所定員増や低年齢児保育の拡大等が図られた。しかし，出生率の低下には歯止めがかからず，少子化対策は，現在に至る大きな課題となっている。

　社会福祉分野においては，ノーマライゼーションの理念の一般化や，在宅福祉の重視，保健・医療・福祉の連携，市町村中心の福祉行政の展開，利用者本位・自立支援，民間活力の活用といった新たな考え方を基盤として，戦後の福祉制度の仕組みを大きく変える制度改正が行われた。

　その代表例が，1990（平成2）年の老人福祉法等の福祉関係8法の改正であった。これにより市町村を中心とした福祉行政の展開や，地方行政における計画的な老人保健福祉の基盤が図られた。また，1997（平成9）年の介護保険法の制定により，老人福祉分野における措置制度が社会保険方式による利用契約方式に切り替えられた。それまで，社会福祉分野では措置制度が当然の制度と考えられていたことから，利用契約方式の導入は，「措置から契約へ」と呼ばれる一大事件となった。2000（平成12）年に行われた社会福祉事業法の改正（改正により社会福祉法と改称）を中心とする社会福祉基礎構造改革においては，福祉サービスの新たな理念を定め，障害者福祉分野において，措置制度を見直して利用者の選択を尊重した利用契約制度に改められた。

（5）構造改革と社会保障改革（2001年から現在）

　日本経済は，1980年代後半のいわゆるバブル景気が1990年代初頭に崩壊してから，経済不況さらにはデフレ経済が続くこととなった。1990年代から現在に

至るまで，経済成長率は低迷し，失業率も高度経済成長期に比べれば高い水準となった。グローバル経済の中で，アメリカのIT産業や中国の低価格製品との競争が激化し，コスト削減や市場拡大のための企業の海外進出や，賃金コスト抑制等の観点からの非正規労働者の増大が顕著となった。国の財政状態は，税収の落ち込み等から，歳入面において大量の国債発行に依存するようになり，巨額の長期債務残高を抱えて，先進国の中では最悪の状態となった。そこで，2001（平成13）年に誕生した小泉内閣では，「構造改革なくして成長なし」をスローガンに，経済構造改革や行政改革，財政構造改革，社会保障改革，規制改革，郵政改革等，多くの制度改正が進められた。

社会保障分野においては，将来にわたり持続可能な社会保障制度とするために，年金制度の改正（2004年），介護保険制度の改正（2005年），医療制度の改正（2006年）等が行われた。さらに，障害者福祉分野では，身体障害者，知的障害者，精神障害者別に提供されていた福祉サービスを一元化し，障害者の自立を推進する障害者自立支援法が2005（平成17）年に制定された。他方，社会保険庁において年金記録の管理がずさんに行われていたことが問題となり，「年金記録問題」が政治の大きな争点となった。また，非正規労働者の増大や所得格差の拡大などを背景に，社会保障の機能強化の必要性が指摘されるようになった。

2009（平成21）年の総選挙の結果，従来の自民党中心の政権から民主党中心の政権へと，政権交代がなされた。民主党政権では，児童手当に代わって子ども手当が実施された。また，少子高齢化の進行や雇用形態の変化等，社会経済情勢の変化に対応した社会保障改革と，社会保障の安定財源確保と財政健全化を図る税制改革を同時に行う「社会保障と税の一体改革」が，大きな政治課題となった。具体的には，消費税を5％から10％に引き上げ，増税分を年金・医療・介護・少子化の4分野に充当することにより，社会保障制度の財源確保や機能強化を図ることをねらいとするものであった。2012（平成24）年8月，消費税引上げ法案や子ども・子育て関連法案，年金制度改正関連法案等の社会保障・税一体改革関連法案が成立した。

2012（平成24）年の総選挙により，再び政権交代があり，自民党・公明党の

連立政権が復活した。社会保障制度については，当面，社会保障改革プログラム法に基づく改正が予定されている。

|日本の社会保障制度の特徴| 図表6-3は，日本の社会保障給付費（1年間に社会保障制度を通じて国民に給付される金額。保育，医療等のサービスも金額に換算する）の推移を示したものである。2011（平成23）年度では，社会保障給付費の総額は107.5兆円と，国の一般会計予算を上回る金額となっている。国民1人当たりでは，年間84万円になる。分野別にみると，年金が49.4％，医療が31.7％，福祉その他（介護を含む）が18.9％である。対国民所得比は，近年，急上昇している。30年前の1985（昭和60）年には17％であったが，2011年度では31％と，14ポイントも上昇した。

社会保障給付費の状況も参考にして，日本の社会保障制度の特徴を挙げれば，次のとおりである。

第1に，国民皆保険・皆年金を基本としていることである。

1960年時点で，人口の9割以上を対象とする医療保障を達成し，かつ，皆年金を実現していた国は，イギリス，スウェーデン，ノルウェー，アイスランドの4か国のみであった。高度経済成長が始まったばかりの経済水準が低い段階で，世界で5番目に全国民の医療保障と老後の所得保障を可能とする国民皆保険・皆年金を実現したことは画期的なことであった。以後，国民皆保険・皆年金が，日本の社会保障制度の基本骨格と成している。

第2に，社会保険中心型であることである。日本は，年金保険，医療保険，介護保険，雇用保険，労災保険，と5種類の社会保険制度を有している。先進国の中で，ドイツや韓国と並んで最多である。社会保障給付費のうち，約90％は社会保険制度に基づく給付が占めている。その中でも，年金保険からの給付が半分以上を占めている。5種類の社会保険制度の概要は図表6-4のとおりである。後述するとおり，医療保険では数種類の制度に分かれ，保険者の数が極めて多いこと，医療保険と介護保険では，市町村という行政機関が保険者となっていること，という特徴がある。

第3に，高齢者給付中心型である。高齢者関係給付費は72兆円と，社会保障給付費全体の7割を占めている。高齢化率の上昇と歩調をあわせて，年金，高

図表 6-3 社会保障給付費の推移

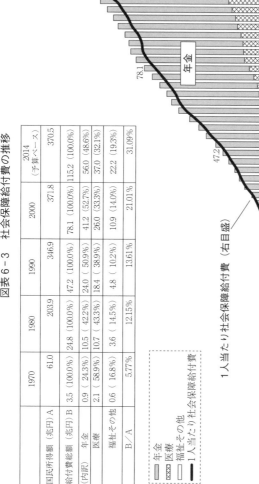

	1970	1980	1990	2000	2014（予算ベース）
国民所得額（兆円）A	61.0	203.9	346.9	371.8	370.5
給付費総額（兆円）B	3.5（100.0%）	24.8（100.0%）	47.2（100.0%）	78.1（100.0%）	115.2（100.0%）
（内訳）年金	0.9（24.3%）	10.5（42.2%）	24.0（50.9%）	41.2（52.7%）	56.0（48.6%）
医療	2.1（58.9%）	10.7（43.3%）	18.4（38.9%）	26.0（33.3%）	37.0（32.1%）
福祉その他	0.6（16.8%）	3.6（14.5%）	4.8（10.2%）	10.9（14.0%）	22.2（19.3%）
B／A	5.77%	12.15%	13.61%	21.01%	31.09%

注：図中の数値は、1950、1960、1970、1980、1990、2000及び2010並びに2014年度（予算ベース）の社会保障給付費（兆円）である。
資料：国立社会保障・人口問題研究所「平成23年度社会保障費用統計」、2012年度、2013年度、2014年度の社会保障給付費（予算ベース）は厚生労働省推計、2014年度の国民所得額は「平成26年度の経済見通しと経済財政運営の基本的態度（平成26年1月24日閣議決定）」
出所：厚生労働省資料

図表6-4　社会保険制度の概要

	年金保険	医療保険	介護保険	雇用保険	労災保険
保険者	国または共済組合	全国健康保険協会，健康保険組合，共済組合，市町村等	市町村	国	国
被保険者	被用者または20歳以上60歳未満の者	被用者，市町村に住所を有する者等	40歳以上の者	雇用保険適用事業の労働者（公務員は除く）	適用事業における使用者
主な保険給付の種類	現金給付	現物給付と現金給付	現物給付	現金給付	現金給付と現物給付
制度の例	国民年金，厚生年金保険，共済年金	組合管掌または全国健康保険協会管掌健康保険，共済組合，国民健康保険等	介護保険	雇用保険	労災保険，国家公務員災害補償等

筆者作成

齢者医療，高齢者介護と，高齢者関係給付費は年々増加している。これに比べて，児童・家族関係給付費は約6兆円（6％）と，高齢者関係給付費に比べると，大変小さい。

2　社会福祉の現状

　日本の社会福祉制度は，対象者ごとに制度が創設され，発展してきた。生活困窮者に対しては生活保護制度，乳幼児や児童に対しては児童福祉制度，障害者に対しては障害者福祉制度，母子・寡婦に対しては母子・寡婦福祉制度，高齢者に対しては老人福祉制度である。各制度に対して基本となる法律は，生活保護法，児童福祉法，身体障害者福祉法，知的障害者福祉法，母子・寡婦福祉法及び老人福祉法であり，これらの法律は総称して「福祉六法」と呼ばれてきた。
　1990年代以降，介護保険法の制定や障害者自立支援法の制定等により，高齢

者福祉分野では介護保険制度，障害者福祉分野では障害者自立支援制度が中心となる変化があった。さらに，2012年には，障害者自立支援法が障害者総合支援法に改正された。

日本の社会福祉制度の全体を整理すると，別表のとおりである。

対象者	主な法律名
低所得者・生活困窮者	生活保護法，生活困窮者自立支援法
児童・障害児	児童福祉法，児童手当法，児童虐待防止法
障害者	障害者総合支援法，身体障害者福祉法，知的障害者福祉法，障害者虐待防止法，障害者雇用促進法
高齢者	介護保険法，老人福祉法，高齢者虐待防止法

注：法律名には略称を用いているものもある。

社会福祉に関する行政機関として，国では厚生労働省であり，都道府県，市町村にはそれぞれ担当部局が設置されている。また，福祉行政の専門機関として，都道府県，政令指定都市には福祉事務所・児童相談所など，市には福祉事務所が設置されている。

生活保護　生活保護制度は，生活に困窮する国民に対して最低限度の生活を保障するとともに，その自立の助長を目的とするものである。憲法第25条に定める生存権の保障の理念を具体化する制度である。生活保護は，補足性の原理により，その適用にあたっては他法・他制度優先であり，他法・他制度でも救済できない場合に初めて適用されることから「最後のセーフティネット」と呼ばれている。

生活保護には，生活扶助（食費・被服費，光熱費等，日常生活に必要な費用），教育扶助（学用品費等），住宅扶助（家賃・地代等），医療扶助，介護扶助，出産扶助，生業扶助（生業費，技能習得費，就職支援費），葬祭扶助の8種類の扶助がある。

生活保護の被保護者の数は，景気変動の影響を受ける。被保護者数は，第2次世界大戦直後の混乱期には多かったが，高度経済成長期には減少傾向となり，1995（平成7）年に過去最低となった。しかし，1990年代後半以降の長引く経済不況の影響等から，上昇傾向に転じ，2012（平成24）年度では約214万人と，過去最多を記録している。

2011（平成23）年度の生活保護費は3兆6930億円であり，そのうち46.9％は医療扶助費，34.5％は生活扶助費，15.4％は住宅扶助費となっている。財源の負担は，国が4分の3，福祉事務所を持つ地方自治体が4分の1である。
　最近では，被保護者の就労自立支援に力が入れられているほか，生活保護に至る手前の段階での低所得者の自立支援を強化するため，生活困窮者自立支援法が制定されている（2013年）。

児童福祉　児童福祉分野は，保育所，児童の健全育成，児童手当，児童虐待への対応等，多岐にわたる。保育所は，共働き世帯の増加に対する対応や少子化対策の観点から整備が進められてきた。2012（平成24）年4月現在，保育所2万3470か所となっている。少子化の影響により，年間の出生数は減少傾向にある反面，女性の就労の拡大から，保育所に対するニーズは強い。保育所に入所できない待機児童が，年度当初の4月には，都市部を中心に約2万5千人いることから，政府は，「待機児童ゼロ作戦」と称して，保育所の入所定員増につとめている。また，幼稚園と保育所を一体化する「幼保一体化（または幼保一元化）」が，長年の懸案事項となっていたが，これについては，保育所と幼稚園の機能を併せ持つ「認定子ども園」への転換を促す政策を進めることとなっている。
　児童手当については，西欧諸国と比較をして創設が遅く，1972（昭和47）年に創設された。長い間，対象が第3子以降に限定され，金額も低水準であった。1992（平成4）年に第1子まで拡大されたが，3歳未満に限定された。2000（平成12）年以降，少子化対策の一環として，対象年齢の拡大や給付水準の引上げ等が行われた。2009（平成21）年に誕生した民主党政権では，支給対象者を15歳（中学校修了）まで拡大し，給付水準も大幅に引上げた「子ども手当」を創設したが，財源確保等の面で課題が多かった。その後，与野党の調整の結果，子ども手当が廃止され，児童手当が復活した。現在の制度は，対象年齢はゼロ歳から15歳（中学校修了）まで，支給額は基本的に3歳未満は月額1万5千円，3歳以上は月額1万円である。
　児童虐待対策については，近年の課題であり，2000（平成12）年に児童虐待防止法が制定・施行された。児童相談所を中心に児童虐待の相談，防止対策，

救済措置が講じられているが，児童虐待相談件数は増加傾向にあり，また，子どもの生命が奪われるという重大事件が起きていることから，児童虐待問題は行政機関のみならず社会全体で解決するべき重要な課題となっている。

| 障害者福祉 | 全国の障害者数（推計），身体障害児・者が約394万人，知的障害児・者が約74万人，精神障害者が約320万人である。[2] |

障害者福祉分野については，長い間，身体障害者（18歳以上）は身体障害者福祉法，知的障害者（18歳以上）については知的障害者福祉法，障害児（18歳未満）については児童福祉法，精神障害者については精神保健及び精神障害者福祉に関する法律（精神保健福祉法）で対応されてきた。2005（平成17）年に，3障害（身体障害者，知的障害者，精神障害者）に関する施策を一元化し，利用者本位のサービス体系への再編，就労支援の強化，支援決定の透明化・明確化等を図ることを目的に，障害者自立支援法が制定され，2006（平成18）年度から施行された。

この法律は，従来の障害者福祉施策を一変させるものであったが，利用者負担を定率の1割負担としたことから障害者団体関係者から批判をあびた。同法を廃止することを公約とした民主党政権の誕生を契機に同法の見直しが進められた。2011（平成23）年の改正で，利用者負担は応能負担が原則とされた。さらに，2012（平成24）年6月，「障害者の日常生活及び社会生活を総合的に支援するための法律」（障害者総合支援法）に改正された。障害者総合支援法では，障害者の対象を身体障害者，知的障害者，精神障害者（発達障害者を含む）に加えて，難病患者等も含むものとなった。

障害者が働くことは，障害者の生活保障，生きがい，社会参加等の観点から，極めて重要な事項である。障害者の雇用対策としては，企業等における雇用（一般就労）や，施設・作業所等における就業（福祉的就労）等，障害者の心身の状況等に応じた多様な働き方が促進されてきた。

民間企業における障害者雇用促進を図るものとして，障害者の雇用の促進等に関する法律（障害者雇用促進法）がある。これは，事業主に対して身体障害者・知的障害者の一定割合の雇用を義務づけているものである。2013年4月現在，民間企業では2.0％，国・地方自治体等の公的機関では2.3％，都道府県等の教育委員会では2.2％とされている。この法定雇用率を満たさない事業主は，不

足人数分に応じた障害者雇用納付金を徴収される一方，法定雇用率を上回って障害者を雇用している事業主には，上回っている人数に応じた障害者雇用調整金が支給される。2012年6月現在，障害者の雇用率は，民間企業で1.69％，公的機関で2.1％，都道府県等の教育委員会で2.0％となっている。

介　護　保　険　　高齢者の介護保障システムについては，1963（昭和38）年制定の老人福祉法に基づく老人福祉制度により在宅サービスや施設サービスが提供されてきたが，1997年に介護保険法が制定され，2000年4月から介護保険制度が実施されている。

　日本の介護保険制度は，ドイツの介護保険を参考にして検討・創設されたが，制度の具体的な内容では，ドイツの制度と異なる点が多い。ドイツの介護保険は，「医療保険活用型」と呼ぶべきもので，医療保険制度を活用して創設されている。医療保険の保険者である医療金庫が，介護金庫を創設して，介護保険の保険者業務を行っている。介護保険の被保険者の範囲は，医療保険と同じである。

　一方，日本の介護保険は，医療保険制度とは別の社会保険として創設された（「独立保険型」）ので，保険者や被保険者の範囲は，医療保険制度とは異なる。市町村が保険者であり，市町村の住民を被保険者とする「地域保険型」のスタイルをとっている。被保険者についても，全国民が加入する医療保険とは異なり，40歳以上の者を被保険者としており，40歳未満の者は介護保険の対象外とされている。65歳以上の者を第1号被保険者，40歳から65歳未満の者を第2号被保険者としている。第1号被保険者と第2号被保険者では，保険給付を受けられる条件が異なっていたり，保険料の賦課徴収方法が異なったりしている。第2号被保険者は，第1号被保険者と同等の水準の保険料を負担するものの，保険給付は，老化に伴う疾病に起因する要介護状態（要支援状態を含む。以下同じ）の場合に限られている。そのため，介護保険の保険給付を受けることができる要介護者（要支援者を含む。以下同じ）の97％は，第1号被保険者となっている。日本の介護保険は，保険給付面でみると，事実上，高齢者介護保険となっている。

　要介護者と認定されるためには，市町村が行う要介護認定を受ける必要があ

図表6-5 介護保険制度の仕組み

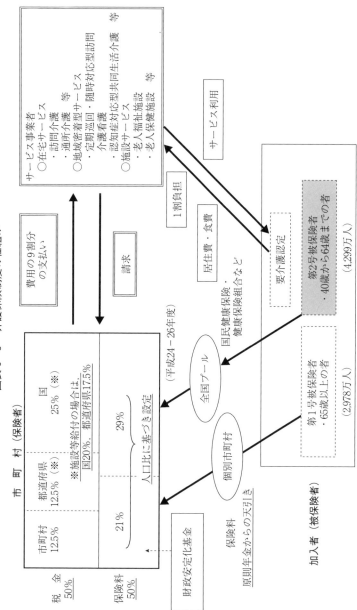

注：第1号被保険者の数は、「平成23年度介護保険事業状況報告年報」によるものであり、平成23年度末現在の数である。
　　第2号被保険者の数は、社会保険診療報酬支払基金が介護給付費納付金額を確定するための医療保険者からの報告によるものであり、平成23年度内の月平均値である。
出所：厚生労働省資料

る。要介護度は全部で7段階であり，ドイツ（基本的に3段階）や韓国（実施当初は3段階）よりも，細かく区分されている。要介護者の対象範囲が広いことの表れであり，日本と比較をすると，ドイツや韓国の介護保険は，基本的に対象者を中・重度の要介護者に限定している。

保険給付の種類としては，居宅サービスと施設サービス以外に，地域密着型サービスがある。ドイツや韓国の介護保険における保険給付よりも，サービスの種類ははるかに多い。一方で，ドイツでは在宅サービスにおいて主要な給付となっている現金給付（介護手当）は，日本では存在しない。

介護サービス利用者は，要介護者と認定された後，居宅サービスの場合，基本的に，居宅介護支援事業所の介護支援専門員（ケアマネジャー）による介護サービス計画（ケアプラン）作成のうえで，サービス事業所を選択して，サービスを利用する。利用者負担は1割の定率負担である。施設サービスの場合も，利用者負担は1割であるが，食費や居住費は自己負担である。なお，2015年度から一定の所得以上の者は2割負担とされる。

介護保険の財源は，利用者負担を除く保険給付費部分について，公費負担が50％，保険料負担が50％である。ドイツの介護保険が，保険料負担のみの財源とされていることに対し，公費負担の占める割合が大きいことが日本の介護保険の特徴のひとつである。公費負担部分は，原則として，国が2分の1，都道府県と市町村が各4分の1の割合で負担する。保険料負担部分は，第1号被保険者と第2号被保険者で折半する。

2012年度の第1号被保険者数は3094万人，要介護者数は561万人である。第1号被保険者に占める認定者の割合（認定率）は17.6％と，高齢者の約6人に1人は要介護者である。そのうち，87％は，いわゆる後期高齢者（75歳以上の者）である。居宅サービス受給者数は338万人，地域密着型サービス受給者数は33万人，施設サービス受給者数は87万人となっている。介護保険給付額は，8兆1千億円，第1号被保険者の1人当たり給付費は，年間26万3千円，第1号保険料は全国平均で月額4930円になっている。

3　医療保障の現状

　前述したとおり，日本では，すべての国民がいずれかの医療保険に加入を義務づけられる国民皆保険制度がとられている。
　医療保険は，職域ごとに成立してきた経緯もあり多数の制度が分立しているが，大きく職域保険（被用者保険）と地域保険に分けることができる。職域保険は，一般の被用者（サラリーマン）を対象にした健康保険と，公務員や船員など特定の被用者を対象にした共済組合，船員保険がある。健康保険としては，主として中小企業のサラリーマンを対象とする全国健康保険協会管掌保険と，主として大企業のサラリーマンを対象として企業が設立する組合管掌健康保険からなる。
　地域保険としては，各市町村の住民が加入する国民健康保険（国保）がある。国保の保険者は，市町村である。被保険者は，自営業者や農業者，パート労働者，無職の者等，職域保険の対象外のすべての住民である。国保が，国民皆保険制度を支える基盤となっている。なお，国保のような市町村が保険者である地域保険は，他の先進国では存在しない日本独自の制度である。
　医療保険による医療は，一部負担を払うだけで医療が受けられる現物給付が中心である。そのほか，傷病や出産による休業補償としての傷病手当金や出産育児一時金などの定額の現金給付もある。現在，医療保険各制度の被保険者，被扶養者の一部負担はともに3割（義務教育就学前は2割，70歳以上75歳未満は2割（現役並み所得者は3割））となっている。ただし，所得に応じて一部負担金に限度額を設ける高額療養費制度がある。
　日本の医療保険の特徴は，①国民皆保険制度であること，②医療保険制度が職業等に応じて区分されていること，に加えて，③被保険者は被保険者証があれば，原則として全国どこの医療機関（病院を含む）でも，被保険者自身の選択により受診できるという「フリーアクセス」の原則をとっていること，が挙げられる。この点は，イギリスや北欧のシステムとは大きく異なる点である。例えば，イギリスのNHS（国民保健サービス）の場合，病気になった場合，患者

図表6-6　日本の公的医療保険制度の概要

制度名	保険者（数）	適用対象	加入者数（万人）	保険給付内容	保険料率	国庫補助
協会けんぽ	全国健康保険協会（1）	民間企業（主に中小企業）の被用者とその家族	3,488	○医療給付　患者負担　3割　義務教育前と70歳以上75歳未満は2割　患者負担に上限を設ける高額療養費制度あり	全国平均10.0%	給付費の16.4%
組合健康保険	健保組合（1443）	民間企業（主に大企業）の被用者とその家族	2,950		各種保険組合によって異なる	定額（予算補助）
各種共済	共済組合等（85）	公務員とその家族	919	○現金給付　傷病手当金、出産育児一時金、葬祭費等（制度や保険者によって異なる）	各共済組合によって異なる	なし
国民健康保険	市町村（1717）	自営業者、農業従事者、パート労働者、無職、等	3,520		保険者によって異なる	給付費等の41%（他に都道府県が9%）給付費等の47%
	国保組合（164）	同業者グループ	312			
後期高齢者医療制度	後期高齢者医療広域連合（47）	75歳以上の者	1,473	○医療給付　患者負担　1割（現役なみの所得者は3割）　高額療養費制度あり　○現金給付　葬祭費等	各広域連合によって異なる	保険料　約10%　支援金　約40%　公費　約50%（公費の内訳は、国：都道府県：市町村が4：1：1）

注：データはいずれも2012年3月末の数値。
出所：厚生労働省『厚生労働白書　平成25年版』資料編をもとに、筆者作成。

は直接病院で診察を受けることはできず，最初は地域の登録医（GP）で受診し，登録医の承諾を得なければ病院にかかることはできない仕組みとなっている。これに比べて，日本の受診システムは，被保険者（または患者）本位といえる仕組みとなっている。医療機関に受診しやすく，被保険者の意思が尊重されるという利点がある反面，保険給付費の増大を招くという問題がある。

以上の特徴に加えて，④高齢者医療については別の医療保険制度で対応している，という特徴がある。高齢化の進行，高齢者人口の増加に伴い，老人医療費が増大し，国保財政の大きな負担となったことから，高齢者を現役世代とは分けて，別の制度で対応するという方策がとられてきた。最初の制度が，1983年1月から実施された老人保健法に基づく老人保健制度である。2006年の医療制度改革において，老人保健法は，高齢者の医療の確保に関する法律（高齢者医療確保法）に改正された。これにより，75歳以上の高齢者について，新たに後期高齢者医療制度が創設された。これは，保険者を都道府県単位の広域連合（各都道府県後期高齢者医療広域連合）とし，被保険者は都道府県内の75歳以上の高齢者のすべてである。患者負担は1割（現役並み所得の場合は3割）とし，保険給付部分は，公費（国が3分の2，都道府県および市町村が各6分の1）が約5割，高齢者の保険料が約1割，現役世代が各医療保険を通じて負担する後期高齢者支援金が約4割とされている。

一方，日本の医療提供体制をみると，2013年10月1日現在，全国の医療施設数は17万7769施設，病床数は169万5210床となっている。医療施設の中で病院（20人以上の入院施設を有する医療施設）は，8540施設である。国際的にみると，日本は人口10万人当たりの病院数，病床数とも極めて高い水準にある。また，病院の開設者は民間の医療法人の割合が高く，全体の3分の2を占めている。医療費保障は公的な医療保険が担っているが，医療提供体制は民間が主体という点が日本の特徴である。

病床数が多いということは国民医療費の増大にも結びつくことから，都道府県において地域医療計画を策定し，病床数の総量規制を行っている。都道府県内の医療圏ごとの格差の是正や医療機関の機能分化と連携が課題となっている。

4　年金保障の現状

日本の年金制度の体系図は，図表6-7のとおりである。

日本の年金制度の特徴は，次のとおりである。

第1に，1961（昭和36）年以来，自営業者や無業者も含め，すべての国民が公的年金制度に加入する国民皆年金制度となっている。

第2に，加入者が保険料を拠出し，それに応じて年金給付を受けるという社会保険方式である。ただし，1961年に国民年金制度が発足したときに，すでに高齢者であった者や，被保険者としての加入期間が短くならざるをえない者に対しては，租税負担による老齢福祉年金で対応した。

第3に，年金財政について，制度発足当初は積立方式であったが，現在では，

図表6-7　年金制度の体系（2012（平成24）年3月末現在）

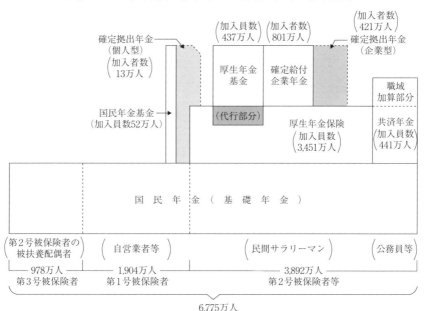

出所：『厚生労働白書　平成25年版』資料編236頁。

欧米諸国と同様に，年金給付に必要な費用をその時々の加入者の保険料により賄う方式である賦課方式で運営されている。これについて，政府は，現役世代の保険料負担で高齢者世代を支える「世代間扶養」と呼んでいる。

第4に，被保険者の共通の年金として基礎年金があり，その上に，被用者の場合には報酬比例（所得比例）の年金が加わる「2階建て」の仕組みをとっている。

日本の年金制度は，従来，民間被用者は厚生年金，公務員は共済年金，その他の自営業者・農業者等は国民年金というように分立していた。しかし，こうした制度体系では，制度によっては財政基盤が不安定となることから，長期的な安定と被保険者間の公平を図る観点から，1985（昭和60）年の改正により，全国民（20歳以上60歳未満の者）が加入し，基礎的な給付を行う国民年金（基礎年金）と，それに上乗せして報酬比例の年金を支給する被用者を対象とした厚生年金保険と共済年金に再編成された。基礎年金の導入により，「1人1年金」の原則が確立し，それまで任意加入とされていた被用者の無業の妻（いわゆる専業主婦）についても，独自の年金権が確立された。

また，年金制度の一元化の議論が続いていたが，2015年5月10月から厚生年金と共済年金が統合され，被用者保険は一本化される。

第5に，年金財政に巨額の国庫負担が導入されていることである。基礎年金部分の保険料負担を緩和する等の観点から，基礎年金の2分の1は国庫負担とされている。

年金保険制度からの給付[3]をみると，国民年金の場合は，老齢基礎年金（満額の場合，年額77万8500円），障害基礎年金（1級障害の場合，年額97万3100円。2級障害の場合，年額77万8500円），遺族基礎年金がある。厚生年金の場合は，老齢厚生年金（平均的な賃金で40年間加入のサラリーマンの場合，本人と妻の基礎年金2人分を加えて，月額約23万円），障害厚生年金・障害手当金，遺族厚生年金がある。このように，年金の主たる目的は，退職後の老後の生活保障であるが，障害者となった場合の生活保障，主たる生計維持者に先立たれた場合の遺族年金による生活保障としても，大きな役割を果たしている。

5　今後の社会保障制度の課題

　日本は，第2次世界大戦後，欧米先進国に対して「追いつき，追い越せ」という姿勢で臨んできたので，社会保障制度の評価についても，常に欧米先進国が比較対象とされてきた。制度的には，1972年に児童手当制度が創設されたときに，西欧諸国並みの社会保障制度が整備されたといわれた。ただし，この時点では，年金制度が成熟期を迎えていなかったため実際の年金水準が低かったことや，児童福祉，老人福祉，障害者福祉分野等で不十分な点が多々あった。その後，「福祉元年」と呼ばれた1973年度には，年金給付水準の引上げや医療保険の被扶養者の保険給付割合の引上げ等があった。さらに，1990年代に入って，高齢者保健福祉推進十か年計画（ゴールドプラン）による高齢者介護基盤の整備，障害者プランによる障害者福祉サービスの充実等を経て，政府は，『平成11年版　厚生白書』（1999年）では，「欧米諸国と比較をしてそん色ない社会保障制度」と評価するに至った。

　しかし，1990年代以降，経済成長率が低下し，経済不況やデフレ経済の進行，それに伴う国や地方公共団体の税収減，労働者の賃金水準の低迷による社会保険料収入の伸び悩み，非正規労働者の増大による低所得世帯の増加と生活保護世帯の増加など，社会保障制度を取り巻く環境は厳しさを増してきている。

　日本の社会保障制度の最大の課題のひとつが，社会保障制度を持続可能なものとするための財源の確保である。

　図表6-8は，社会保障制度の財源構成の変化を示したものである。2011年度では，社会保障給付費の規模は約107兆円となっているが，その財源の規模の内訳は，保険料負担が52.0％，公費負担が37.6％となっている。被保険者の保険料，事業主が負担する保険料とも，巨額の金額となっており，いずれも所得税や法人税といった税の規模よりも大きい。また，公費負担のうち，国庫負担の2000年度から2011年度までの累計では250兆円もの規模となる。この間の，所得税や法人税の総額よりも大きい金額である。その上，この間の税収は低迷していることから，国においては，巨額の国債発行により歳入を確保すること

図表6-8 社会保障の財源構成（ILO基準）

年　度	収入（億円）	構成比（％）							社会保障給付費（億円）
		社会保険料		公費負担			資産収入	その他	
		被保険者拠出	事業主拠出		国庫負担	他の公費			
1965（昭40）	23,996	57.4	27.0	30.4	32.5	28.3	4.1	6.3	3.8	16,037
1970（　45）	54,681	59.7	28.5	31.2	30.0	26.4	3.6	8.8	1.6	35,239
1975（　50）	167,375	56.8	26.4	30.4	33.1	29.0	4.1	8.7	1.3	117,693
1980（　55）	335,258	55.6	26.5	29.1	32.9	29.2	3.7	9.7	1.8	247,736
1985（　60）	485,773	56.8	27.1	29.7	28.4	24.3	4.1	12.8	2.1	356,798
1990（平2）	663,782	59.6	27.9	31.7	24.3	20.3	4.1	12.6	3.5	472,203
1995（　7）	851,390	60.2	28.7	31.5	24.3	19.5	4.9	11.5	4.0	647,247
2000（　12）	901,768	61.0	29.6	31.4	27.8	21.9	5.9	7.2	4.0	781,391
2005（　17）	1,174,996	46.5	24.1	22.4	25.3	18.7	6.6	16.0	12.1	877,766
2010（　22）	1,121,707	51.6	27.0	24.5	35.7	26.2	9.5	0.7	11.9	1,034,879
2011（　23）	1,156,566	52.0	26.9	25.1	37.6	27.3	10.3	3.2	7.3	1,074,950

出所：国立社会保障・人口問題研究所「平成23年度　社会保障費用統計」2013。

となった。そのため，国債収入が歳入全体に占める割合は50％近くに達し，政府の長期債務残高は，GDPの約2倍という，財政上大きな問題を抱えるに至っている。

　こうした状況下において，政府は，消費税を引き上げることにより，それによる税収増を年金，医療，介護および少子化の4分野に充てるという，「社会保障と税の一体改革」を行うこととなった。2012年に関連法案が国会で成立し，2014年4月に消費税を5％から8％へ，2015年10月に10％に引き上げることとされた。[4)]

　また，社会保障制度改革推進法（2012年制定）に基づき設置された社会保障制度改革国民会議の報告書（2013年8月）を踏まえ，「持続可能な社会保障制度の確立を図るための改革の推進に関する法律」（社会保障改革プログラム法）が制定された（2013年12月）。これにより，今後数年間の社会保障制度改革の具体的な方向性が示されている。

　しかし，消費税の5％の引上げによる税収増は約13兆円と見込まれているため，その税収増全額を社会保障制度にあてるにしても，まだ不十分である。厚生労働省によれば，社会保障給付費は，2025年度には約149兆円にのぼると推計されており，2012年度の約110兆円と比較すると，39兆円の増加である。さらに財源確保や，社会保障制度の中の各制度における給付の見直しが必須である。

　個別分野における主な課題をみると，まず社会福祉については，過去最多の受給者となっている生活保護制度において，就労自立支援の推進等による受給者数の増加の抑制または減少が課題である。また，2014年，安倍内閣が「2050年に人口1億人」を目標に掲げたことにより，保育所の増設等による保育所入所待機児童の縮小，若い世代に対する経済的支援，育児休業の取得促進，職場におけるワークライフバランスなど，少子化対策の展開が課題である。

　医療保障分野においては，増大を続ける国民医療費の伸びの抑制が最大の課題である。さらに，構造的に赤字体質の市町村国民健康保険制度への対応策として，「国保事業の都道府県単位化」が検討されている。市町村国保は国民皆保険の基盤となっているものであり，都道府県単位で運営されることにより，

国保事業の安定化や財源の確保を図ることをねらいとしている。また，介護保険制度においては各市町村における地域包括ケアシステムの構築が課題であり，医療と介護の連携が重要である。

　年金保障分野においては，年金制度の持続可能性を図るために，受給世代と現役世代との間の給付と負担の公平を図ることが必要である。そのためには年金の給付水準の引下げや，年金支給開始年齢の引上げなどが課題となっている。

　いずれにせよ日本は，高齢化率が世界トップであるという「高齢先進国」，あるいは急速に進むと予想される「人口減少社会」において，国民生活の安心・安定の要である社会保障制度をどのように維持・発展させるのかという大きな問題を抱えている。

【参考文献】
厚生労働省『厚生労働白書』各年版（2000年以前は『厚生白書』）
厚生労働統計協会（2014a）『国民の福祉と介護の動向2014／2015』
厚生労働統計協会（2014b）『保険と年金の動向2014／2015』

1)　1990年から2014年の間，アメリカでは5人の大統領，イギリスでは5人の首相，フランスでは4人の大統領，ドイツでは3人の首相が誕生した。
2)『平成26年版　厚生労働白書』から，2011年の推計値である。
3)　ここに示した国民年金や厚生年金の金額は，2013（平成25）年度の数値である。
4)　2014年11月，安倍内閣では，消費税の8％から10％への引上げについて，2017年4月まで延期することを決定した。

索　引

あ行

アジア通貨危機（IMF危機）　51
安養機構［台］　89
育児休業［台］　92
李承晩政権［韓］　49
遺族年金［韓］　76
遺族年金［台］　101
医療給付［韓］　68
医療保険統合［韓］　64
未富先老［中］　22, 25
営業税［台］　103
衛生福利部［台］　84, 94
栄民就養給与［台］　88
エスピン－アンデルセン　11, 12

か行

外国人配偶者福祉センター［台］　94
介護保険制度［韓］　55
介護保険制度［日］　149
外籍看護工［台］　90
夏季オリンピック　9
活動支援サービス［韓］　60
家庭医［台］　98
家庭型保育［台］　91
基礎年金［韓］　76
基礎老齢年金制度［韓］　74
金大中政権［韓］　51
金泳三政権［韓］　50
供給者・購入者［タ］　123
行政院原住民族委員会［台］　94

軍公教福利［台］　84
軍人保険［台］　84, 103
経済大国日本　136
ケインズ・ベヴァリッジ体制　10
健康福利税［台］　95
原住民族→先住民族［台］
原住民年金［台］　103
公益彩券（宝くじ）［台］　95, 103
後期高齢者医療制度［日］　154
公教人員保険［台］　99, 103
合計特殊出生率　81, 132
公的年金の受給資格［韓］　72
後発福祉国家　15
公務人員保険［台］　84
高齢化社会　18, 112, 133
高齢社会　18, 112, 133
国民医療保険制度［韓］　64
国民皆保険・皆年金　8, 10, 13, 14, 140, 143
国民健康保険審査評価院［韓］　66
国民健康保険制度［韓］　53
国民国家　5
国民年金［韓］　71-74
国民年金［台］　85, 100, 101
国民年金加入者［韓］　74
五大社会保険制度［韓］　53
コーポラティストレジーム　12
雇用管理性別平等概況調査［台］　92

さ行

在宅福祉サービス［韓］　54
産業資本主義社会　5

30バーツ医療制度［タ］　8, 110, 119-121
三無人員［中］　29
自己負担［韓］　56, 68
施設サービス［韓］　54
児童及少年福利與権益保護法［台］　92
児童手当［韓］　63
児童手当［日］　147
ジニ係数　83
社会救助法［台］　86
社会保険方式［タ］　119
社会保障改革プログラム法［日］　159
社会保障給付費［日］　143, 157
社会民主主義レジーム　11, 12
弱勢児童及少年生活扶助［台］　92
社区保母支持体系［台］　91
就業保険［台］　85, 92
自由主義レジーム　11, 12
出産休業［台］　92
障害者雇用対策［韓］　58, 59
障害者サービス［韓］　60
障害者総合支援法［日］　148
障害者年金［韓］　59
障害年金［台］　101
消費税［日］　159
職場加入者の被扶養者［韓］　68
資力調査［タ］　129
新型農村社会年金保険［中］　43
人口オーナス　20, 112
人口高齢化　18
人口ボーナス　20, 112
新自由主義（new liberalism）　52
心身障害者基本保障年金［台］　103
心身障害者権益保障法［台］　92
生活保護制度［日］　146
生産的福祉［韓］　51
税方式［タ］　118, 119

世代間扶養［日］　156
先住民族［台］　82, 94, 103
全民健康保険［台］　84, 94
総額予算［台］　95, 104
相対的貧困率［台］　83

た　行

地域医療保険［韓］　64
地域加入者の保険料［韓］　68
父親休暇［台］　92
地方自治体［韓］　51
中華人民共和国障害者保障法［中］　37
中華人民共和国老人権益保障法［中］　31
中華民國人口政策綱領［台］　104
中低収入老人生活津貼［台］　87, 99
中低収入老人特別照顧津貼［台］　89
長期照護機構［台］　88
長期照護服務法［台］　90
長期照護保険法［台］　90
長期照護網計畫［台］　90, 104
超高齢社会［日］　133
全斗煥政権［韓］　50
陳水扁［台］　84
低出産・高齢社会基本法［韓］　63
特殊職域年金［韓］　71
都市住民社会年金保険［中］　41

な　行

日本国憲法25条　137
盧泰愚政権［韓］　50
盧武鉉政権［韓］　51

は　行

馬英九［台］　83
朴正熙政権［韓］　50
夫婦年金分割制［韓］　73

福祉元年［日］　157
福祉国家　7, 140
　——の危機［日］　140
福祉レジーム　11
福祉六法［日］　8, 140, 145
婦女中途之家、庇護センター［台］　94
婦女福祉センター［台］　94
平均保険料［台］　95
保育所［韓］　62
保育センター［台］　91
補充保険料［台］　95
保守主義レジーム　11, 12

　　　　　　や　行

養育手当［韓］　63

幼児園［台］　90
養老護理員国家職業基準［中］　34

　　　　　　ら　行

労工保険［台］　84, 99, 100
老人福利法［台］　87
老年農民福利津貼［台］　88
老齢一時金［台］　101
老齢基本保障年金［台］　103
老齢年金［台］　101

　　　　　　わ　行

我國長期照顧十年計畫［台］　88, 104

＊各国特有の項目には，以下のように国名を［　］で付して示した．
中国…［中］　韓国…［韓］　台湾…［台］　タイ…［タ］　日本…［日］

──── 執筆者紹介 ────
(執筆順)

増田 雅暢（ますだ　まさのぶ）　編者，第1章・第6章
岡山県立大学保健福祉学部 教授
［主要著書］
『逐条解説　介護保険法』（単著）法研，2014年
『介護保険見直しの争点』（単著）法律文化社，2003年

包　　敏（ホウ　ビン）　第2章
広島国際大学医療福祉学部 准教授
［主要著書］
大和田猛編ほか『高齢者への支援と介護保険制度』（共著）みらい，2014年
埋橋孝文ほか編著『中国の弱者層と社会保障「改革開放」の光と影』（共著）明石書店，2012年

金　貞任（キム　ジョンニム）　編者，第3章
東京福祉大学社会福祉学部 教授
［主要著書］
杉本敏夫・橋本有理子編著『学びを追求する高齢者福祉』（共著）保育出版社，2013年
後藤澄江・小松理佐子・野口定久編『家族／コミュニティの変貌と福祉社会の開発』（共著）中央法規，2011年

小島 克久（こじま　かつひさ）　第4章
国立社会保障・人口問題研究所 国際関係部第2室長
［主要著書］
増田雅暢編著『世界の介護保障〔第2版〕』（共著）法律文化社，2014年
「台湾の医療事情」『健保連海外医療保障』健康保険組合連合会，第92号，2011年
広井良典・駒村康平編著『アジアの社会保障』（共著）東京大学出版会，2003年

河森 正人（かわもり　まさと）　第5章
大阪大学大学院人間科学研究科 教授
［主要著書］
『東アジア新世紀―リゾーム型システムの生成』（単著）大阪大学出版会，2013年
『タイの医療福祉制度改革』（単著）御茶の水書房，2009年

Horitsu Bunka Sha

アジアの社会保障

2015年3月30日　初版第1刷発行

編著者	増田雅暢・金　貞任
発行者	田靡純子
発行所	株式会社 法律文化社

〒603-8053
京都市北区上賀茂岩ヶ垣内町71
電話 075(791)7131　FAX 075(721)8400
http://www.hou-bun.com/

＊乱丁など不良本がありましたら，ご連絡ください。
お取り替えいたします。

印刷：亜細亜印刷㈱／製本：㈱藤沢製本
装幀：白沢　正
ISBN 978-4-589-03655-1
Ⓒ2015 Masanobu Masuda, JungNim Kim
Printed in Japan

JCOPY　〈(社)出版者著作権管理機構　委託出版物〉
本書の無断複写は著作権法上での例外を除き禁じられています。複写される
場合は，そのつど事前に，(社)出版者著作権管理機構（電話 03-3513-6969,
FAX 03-3513-6979, e-mail: info@jcopy.or.jp）の許諾を得てください。

増田雅暢編著
世界の介護保障〔第2版〕
A5判・232頁・2600円

世界10カ国の介護保障システムについて高齢化や家族形態、さらには社会保障制度の発展などをふまえ比較的視点から解説。旧版刊行(2008年)以降、改変が続く制度の概要を詳解し、今後の課題と方向性を探る。

訓覇法子・田澤あけみ著
実践としての・科学としての社会福祉
―現代比較社会福祉論―
A5判・322頁・3300円

社会福祉を歴史的産物と捉え、実践・科学としての相互依存関係に論究(Ⅰ部)、国際比較(Ⅱ部)によって日本の特質を描出する(Ⅲ部)。Ⅱ部では、所得保障、児童・障害者・高齢者福祉を比較軸にして多様なレジームを考察する。

村上 文著
ワーク・ライフ・バランスのすすめ
A5判・160頁・1700円

いま、なぜ「ワーク・ライフ・バランス(仕事と生活の調和)」なのか。官民あげて推進することとなった背景や実践方法について基本データや先駆的な事例を挙げて概観し、普及のための視座と作法を提供する。

加藤智章・西田和弘編
世界の医療保障
A5判・264頁・3000円

世界には多様な医療保障制度がある。日本を含めた13カ国とEUを対象に、医療保障の実態をふまえ、制度と機能を概観する。8つの共通の分析基軸を設けて比較分析し、日本の医療制度改革への示唆を得る。

ウィリアム・ベヴァリッジ著／
一圓光彌監訳・全国社会保険労務士会連合会企画
ベヴァリッジ報告
―社会保険および関連サービス―
A5判・310頁・4200円

日本の制度構築に大きな影響を与え、社会保険の役割と制度体系を初めて明らかにした「古典」の新訳。原書刊行後70年が経過し旧訳を手にすることができないなか、監訳者による詳細な解題を付し、歴史的・現代的な意義を再考する。

障害者差別解消法解説編集委員会編著
概説 障害者差別解消法
A5判・170頁・2000円

障害者の自立と社会参加への道を拓くため、2013年に成立した「障害を理由とする差別の解消の推進に関する法律」(2016年4月施行)の制定経緯や概要を詳解。法案に関わった関係者の思いを伝える。丁寧な逐条解説も所収。

――法律文化社――

表示価格は本体(税別)価格です